내 삶의 네 기둥

내 삶의 네 기둥

Four Columns of My Life

사랑, 신앙, 상담, 스승에 관한 테마 에세이

●

글·그림 **이혜성**

학지사

팔순 세상의 신입생

2018년에 나는, 나의 팔순 세상의 신입생이 되었다.

정확히 말하면 2018년 8월 31일이 나의 79번째 생일이므로 2018년 9월 1일부터는 내가 한 번도 살아 보지 않은 팔순 세상의 신입생으로 살아가게 된 것이다.

해마다 한 살씩 쌓여가던 내 나이가 한꺼번에 여든 살로 훌쩍 건너뛴 듯 올해의 내 나이에 대한 느낌은 그 전과는 좀 다르다. 인생 여정 그 자체가 매일 살아보지 않은 시간을 살아가는 행로인 것은 피할 수 없는 사실이지만, 이제 인생의 끝을 향해 열린 나의 시간들이 한 번도 살아보지 않은 세상 속으로 들어서는 듯 새삼스럽게 좀 긴장이 된다. 얼마 남지 않은 생을 더 우아하고 품위 있게 살아내기 위해 조심스럽게 준비하지 않으면 안 되겠다는 조바심을 가지고 기대 반 근심 반으로 나는 팔순 세상의 신입생이 되려고 한다.

1999년 내가 환갑을 맞았을 때 참 기뻤다. 나이 들어가는 것이 뭐 그리 좋으냐고 묻는 사람들도 있었지만 나는 나의 환갑생일이 좋았다. 60년을 살았으니 이제는 언제 죽어도 억울하지 않을 것 같은 기분이 들기도 했고, 오랫동안 소망해 왔던 첫 번째 수필집을 출판했으며, 남편이 출판기념회를 겸한 환갑잔치를 잘 차려 주어서 기분이 좋았다. 지난 60년간 대한민국의 국가적 변동과 혼란 속에서 우리 가족이 겪었던 갖가지의 고통과 고난을 정리하여 쓴 자전적 에세이를 쓰면서, 나는 나됨의 과정 갈피갈피에 서려 있는 부모님과 가족 간의 사랑, 갈등의 생성과 희석 과정의 의미를 되돌아보았다. 그러면서 60년 내 인생의 큰 흐름은 사람과 일에 대한 '사랑'이었음을 인식하고 인간적으로 조금 더 성숙해졌다. 이런 모든 고초 속에 숨 쉬고 있는 하나님의 은총을 헤아려 보면서 신앙적으로도 성숙할 수 있었다. 라마르틴의 시 〈호수〉의 시구를 따서 '사랑하자 그러므로 사랑하자'라는 제목으로 샘터사에서 출판한 이 수필집이 조선일보에 크게 소개되기도 했다.

2015년 나의 희수(喜壽) 생일에는 『문학상담』 출간 · 희수맞이'로 잔치를 했다. 나보다 연상인 분은 제외하고 77세 미만의 나의 지인들 77인을 초대했다. 2012년 세상을 떠난 남편을 대신해서 아들이 그 책의 출판기념회를 겸한 희수잔치를 차려 주어 더욱 의미가 있었다. 『문학상담』은 내가 일생의 과업으로 생각해 오고 있는 문학상담에 대한 글들과, 아버지가 내 결혼 선물로 나의 일생을 정리해서 써 주신 '출가하는 둘째 딸 토(土)박사에게'라는 글, 그리고 먼저 간 남편을 그리워하며 썼던 나의 추모 글들과 희수를 맞이하는 소감문을 모아서 시그마프레스에서 출판한 책이다. 전문영역인 문학상담이라는 주제와 신변잡기풍의 글을 한데 묶는 것이 좀 찜찜했으나 77년 내 인생에서 가장 중요했던 일들을 함께 모아서 책을 만들고 싶었다. 『문학상담』은 허술한 점이 많았지만 우리나라에서 상담을 전공한 교수가 '문학상담'이라는 새로운 분야를 소개한 최초의 출판물이라는 점에서 나름대로 작은 자부심을 가지고 있다.

나의 희수잔치 때 우리 학교 교수들이 합작으로 〈지음(知音), 당신은〉이라는 시를 써서 내게 선물로 주었다. 너무나 감격스러운 내용의 시여서 나는 그 시를 나의 보물 1호로 정하고 내가 죽으면 관 속에 가지고 가겠다고 공언을 했다. 나를 너무 과찬한 시여서 면구스럽지만 내 마음속에 숨은 뜻이 교수들에게 전달되었다는 사실에 감동을 받았다. 그 시를 이 책의 부록에 넣었다.

2018년, 산수(傘壽)를 맞이하게 된 지금, 나의 마음은 예전 같지 않다. 살아온 날들보다 살아갈 날들이 훨씬 적어졌음을 인식하기 때문이다. 나에게 열린 팔순의 새로운 세상으로 들어선 지금, 나는 여덟 살의 평안북도 남시에서 처음 인민학교(이북에서는 초등학교를 인민학교라 했다)에 입학했던 그때의

그리움, 2018

기분을 느낀다. 해방 직후, 어머니와 아버지가 만주에 계셔서 할아버지의 손을 붙잡고 긴장과 흥분, 두려운 마음으로 입학식을 했던 그때의 신선했으나 떨렸던 마음이 어렴풋이 느껴진다. 이제 나의 남은 생은 그때의 그 신선하지만 조심스러웠던 마음으로 좀 더 우아하고 품위 있게 의연하게 여유 있게 살아보고 싶다. 내 나이에 어울리게 너그럽고 자연스럽고 기품 있는 언행을 몸과 마음에 새기면서 엄숙하고 진지하게 나의 팔순 세상과 마주하고 싶다. 나이가 들어가면서 어쩔 수 없이 신체적, 인지적 건강은 약해질 것이고 그에 따르는 불편함도 점점 더해 갈 것이다. 하지만 반면에 인생에 대한 인식은 좀 더 깊어지고 지혜로워질 수도 있을 것이라고 기대해 본다. 나를 낯설게 할지도 모르는 팔순 세상의 새로운 상황을 지혜롭게 몸에 익히고 싶은 마음으로 지난 삶을 돌아보면서 새로운 삶으로의 발걸음을 옮겨 보고자 한다. 그런 나의 소망을 정리하면서 나는 내 삶을 받쳐주고 있는 네 개의 기둥을 새로운 눈으로 바라보게 되었다. 그 네 개의 기둥은 '사랑' '신앙' '상담과 문학상담' '스승'이다. 이 커다란 네 개의 기둥이 씨줄과 날줄이 되어 전후 좌우로 서로 교차하고 이어지면서 오늘날까지 나의 삶을 직조(織造)해 오고 있다는 것을 깊이 깨달았다. 내 삶의 기둥인 네 개의 단어 초성이 모두 '시옷(ㅅ)'임을 발견하고 신기하다고 느끼면서 그 기둥들이 서로 유기적으로 잘 움직이게 하는 근본 힘은 하나님께서 내려 주신 축복이었음에 새삼 감사한다.

이 책에 있는 글들은 새로 쓴 것도 있고 예전에 써두었던 글을 보완한 것도 있어서 서로 중첩되는 부분이 있다. 그러나 이 책을 준비하면서 나는 참으로 기쁘고 즐거웠다. 자랑스러움과 부끄러움, 성취감과 낭패감, 신뢰와 배신, 충만함과 빈곤함 등의 복합적인 감정과 사유들이 혼동되기도 했지만, 나는 내 인생의 큰 흐름이 순조로웠고 풍요로웠음에 감사하고 그 근본에 하나님의 크신 은총이 함께하셨다는 깨달음에 큰 기쁨을 만끽하고 있다.

하버드대학의 심리학자 루스 쿤드신(Ruth Kundsin)은 『여성과 성공』이라는 책에서 '성공'의 개념적 정의를 '자기가 좋아서 선택한 분야에서 계속 보람과 기쁨을 느끼며 일하고 주위의 동료들로부터 인정을 받고 있는 상태'라고 하였다. 그 정의에 따르면 내 인생은 나름대로 성공적이었다고 자부한다. 나는 내가 좋아서 상담학을 전공하였고 지난 50여 년간 상담은 내 인생을 성숙하게 이끌어 주는 원동력이라 생각하면서 늘 상담과 관계되는 일을 하며 살아오고 있다. 대학교에서는 상담을 가르치고 연구하고 실천하는 교수로서 학회의 일도 많이 했고 청소년상담을 총괄하는 정부기관의 장으로도 일했으며 2018년 모교 이화여고 창립 132주년 기념식장에서는 '자랑스러운 이화인상'을 받았다. 이 상은 전공 분야에서 탁월한 능력을 발휘하거나 뚜렷한 업적을 남겨 국가와 사회 발전에 공로가 뛰어난 동창에게 수여하는 상으로 1995년에 제정되었다. 내가 제12호 수상자이다.

지금 나는 남편이 나를 위해 세워 준 한국상담대학원대학교라는 '아주 특

별한 대학원의 특별한 총장'으로서 내 신체적 나이를 잊은 채 젊은이처럼 열
정적으로 신나게 매일매일을 즐겁고 기쁜 마음으로 일하며 살고 있다.

　지금까지 나를 보호해 주신 하나님의 은총 안에서 항상 기뻐하고 범사에
감사하며 쉬지 않고 기도하면서 팔순 세상의 신입생답게 겸손하고 조심하
면서 열심히 살아갈 것이다.

　끝으로 이 책을 기꺼이 출판해 준 학지사의 김진환 사장님과 관계자 여러
분, 특별히 이 책의 편집을 위해 정성을 다해 준 백소현 차장님의 노고에 진
심으로 감사를 드린다.

2018년 팔순 세상을 맞이하면서

이혜성

내 삶의 네 기둥:
사랑, 신앙, 상담과 문학상담, 스승

　우리네 삶을 하나의 선(線)으로 나타낸다면 그 선의 시작은 세상에 태어나는 날이고 세상에서 사라지는 날이 그 선의 끝이 될 것이다. 그런데 정작 사람은 자기가 세상에 태어난 날의 상황을 인식하지 못하고 세상에서 사라지는 날을 예측하지 못하면서 일생을 살아간다. 이런 것을 보면 사람의 생명은 사람의 손에 달려 있지 않다는 말이 맞는 것 같다. 나는 내가 세상에 태어난 날을 참 좋아하지만 살아온 날보다 살아갈 날이 훨씬 줄어든 요즘엔 호흡이 허락되는 순간까지 일 년 일 년을 잘 살다가 내가 세상에서 사라지는 날을 의미 있게 맞이해야겠다는 다짐을 한다.

　돌이켜 보면 지난 80년 동안 국가적으로, 가정적으로, 개인적으로 많은 일들이 있었으나 오늘 이처럼 건강한 몸과 마음으로 살고 있다는 사실에 감사하고 또 감사하면서, 오늘까지 나를 지탱해 오고 있는 기둥은 무엇일까 생각해 보았다. 그 기둥은 나를 키워오고 있는 '사랑'과 '신앙'과 '상담'과 '스승'이라고 말할 수 있다. 그러나 이 모든 것의 근본은 하나님께서 내려주신 축복이었음에 새삼 감사하면서 내 삶을 튼튼하게 세워주고 있는 네 개의 기둥을 하나하나 정리해 보았다.

내 삶의 기둥, 하나 〈사랑〉

좋은 부모에게서 태어나 좋은 형제들과 좋은 교육을 받으며 잘 자랐고, 그 안에 충만했던 사랑의 덕으로 오늘의 내가 있다. 늦은 나이였지만 좋은 남편을 만나 존중과 사랑을 공유하며 인간적인 성숙을 이룰 수 있었고, 제자들과 친구들, 인생의 선후배들과 주고받은 참사랑이 내 삶의 중추였음에 감사한다.

마음 놓고 끝없이 사랑을 주고받을 수 있었던 부모님과 남편. 그분들은 내 일생에 획기적인 변화를 준 사건들을 이끌어 준 장본인이다. 그분들이 아니었으면 내 일생이 지금과 같이 진행될 수는 없었을 것이다. 내 일생의 결정적인 이정표가 된 사건들을 되새겨 보면서 그분들이 나에게 마음 놓고 끝없이 베풀어 준 사랑에 감사하며 그 기록들을 정리했다.

내 삶의 기둥, 둘 〈신앙〉

어려서부터 열심히 교회에 다니면서 키워온 내 가치관의 기본이 되는 나의 '신앙'. 내 신앙은 내 삶 속에 버릇처럼 익숙하다. 세월이 흐르면서 나에게 주어진 고난과 고뇌를 겪어내고 그 결과에 감사하면서 나는 성경말씀과 찬송가의 가사를 되새기는 강도가 깊어졌고 그 안에 살아계시는 성령의 은총과 은혜에 감읍(感泣)하게 되었다. 나이가 들어가면서 인간의 유한성과 보잘것없음을 뼈저리게 실감하였고 그러면서 인간인 내가 영원히 믿고 의지하며 삶의 올바른 길을 걸어갈 수 있도록 이끌어 주는 힘은 하나님을 믿는 신앙이라는 사실을 깊이 인식하였다. 세상이 아무리 악하고, 인간이 아무리 잔인하고 부도덕해도 하나님의 절대적인 진선미(眞善美)는 영원하고, 인간이 끝없이 배신하고 패역해도 하나님은 언제나 같은 자리에서 같은 사랑으로 우리를 보호하고 계신다는 이 감사한 신앙! 나에게 신앙의 유산을 남겨주신 부모님과 기독교 교육을 받고 자라올 수 있었던 배경에 감사하면서 늘 기도와 함께 살기를 힘쓰고 있다. 찬송가 내용에 담긴 내 신앙의 성장과정과 사도 바울의 서신을 묵상하면서 쓴 글들을 정리했다.

내 삶의 기둥, 셋 〈상담과 문학상담〉

50여 년 가까운 세월 동안 나는 상담이라는 학문을 배우고 가르치고 연구하며 살았다. 상담이야말로 인생의 매일매일을 성숙하게 이끌어 주는 아주

값 높은 학문임을 절감하고 기쁨과 보람을 느낀다. 좌절한 인간에게 용기와 희망을 갖도록 이끄는 학문인 상담은 특별한 도구나 처방을 쓰지 않으면서 삶과 삶의 참만남을 통해 이루어지는 순수하고 진실된 인간관계 속에서 이루어지는 과정이다. 그 진수를 이루기 위해 나는 아직 노력하며 살고 있음에 감사한다. 내가 일생 동안 정진해 온 나의 전문분야 '상담'. 나는 상담을 공부하기 이전과 이후의 삶을 생각해 보면서 상담이라는 학문이 나에게 주는 큰 의미에 압도당하는 기분이다. 우리나라 상담계의 원로에 속하게 된 지금, 나는 상담과정을 좀 더 의미 있게 하기 위해 인문학적인 자기성찰을 곁들인 인문상담학을 구축하려고 노력한다. 상담과정에 철학적인 사유와 질문을 활용하는 상담을 '철학상담'으로, 문학적인 통찰력과 표현력을 활용하는 상담을 '문학상담'이라 정의하고, 이렇게 인문학을 상담에 융합하는 상담을 '인문상담'이라 정의한다. 만년 문학지망생으로 문학에 특별한 애정을 가지고 있는 나는 상담을 문학적으로 하고 싶은 희망이 있기에 '문학상담'의 실용화에 진력하고 있다. 이런 노력이 상담의 과정을 더욱 깊이 있게 할 수 있기를 희망하면서 '상담과 문학상담'에 관해서 쓴 글들을 정리했다.

내 삶의 기둥, 넷 〈스승〉

나의 일생을 즐겁게 이끌어 주고 있는 많은 사람들. 오늘 내가 이처럼 건강한 몸과 마음으로 살고 있는 주위에는 많은 사람들이 있음에 새삼스럽게

그림 그리기는
그를 보내고 난 후
때늦게 찾아온
때늦은 나의 사랑

知音 2016

감사한다. 특별히 내가 한 사람의 사회 구성원으로서, 한 기관의 장으로서 책임 있는 언행을 할 수 있도록 지침이 되어 주는 나의 멘토들, '스승님들: 고황경 박사와 김옥길 총장'과 한 사람의 상담교수로서 상담을 가르치고 연구할 수 있는 지침을 제시해 주신 '상담학자들: 레이몬드 코르시니 박사와 어빈 얄롬 박사'에 대해 깊이 감사드리며 그분들의 가르침을 정리했다.

- 사족(蛇足) -

내 삶의 기둥, 다섯 〈취미〉: 그림 그리기

나는 어려서부터 그림을 그리고 싶어 했다. 그러나 그림 그리는 일은 나와는 전혀 어울리지 않는 별개의 영역처럼 여겨왔다. 그러다가 3년 전쯤 그림을 잘 그리는 제자의 권유로 서초동에 있는 삼성레포츠문화센터의 그림 그리기 교실에 등록을 했다. 70대 후반의 노인이 된 나는 젊은 여성들 틈에서 생전 처음으로 스케치, 데생, 수채화, 유화 등을 건성건성 배우면서 그림 그리는 일에 매료되었다. 그림이 제대로 그려지지는 않지만 스케치북에 아름다운 물감을 칠해 가노라면 서서히 드러나는 아름다운 형상들…. 손이 마음을 따라주지 않아서 그림 형태는 미숙했고 색채는 어설펐다. 그럼에도 그 그림을 표구하여 벽에 걸어놓고 적당한 조명을 비춰 주면 그런대로 보기에 좋아서 나는 또 흐뭇하고 기쁘다.

2017년 봄에 한국상담대학원대학교 2층에 학생들의 휴식처로 '지음공간(知音空間)'을 꾸며 놓았다. 그 벽에 내가 그린 그림 몇 점들을 용기를 내어 전시하면서 나는 초등학교 학생이 처음으로 학예회에 나가서 장기자랑을 하는 것처럼 들뜨고 좋았다. 그림을 보는 사람들이 "색감이 좋아요, 선생님 분위기가 느껴져요, 따뜻하고 화사해요."라는 칭찬을 해줄 때에는 더욱 우쭐해지기도 했다. 그러나 시간이 지나고 그림을 좀 더 잘 그리고 싶다는 마음이 짙어지면서 점점 부끄러워지기 시작했다. '이런 걸 무식한 사람의 만용(蠻勇)이라고 하는구나.'라는 자괴감에 빠지면서, 중국 현대 화가 제백석(齊白石)의 글이 내포하고 있는 깊은 의미를 되새기게 된다.

"그림을 그리는 것은, 비슷한 것과 비슷하지 않은 사이에 있다. 기묘함이 되는 것은, 너무 비슷하면 세속에 영합하는 것이요. 너무 비슷하지 않으면 세상을 속이는 것이다(作畵, 在似與不似之間. 爲妙, 太似爲媚俗. 不似爲欺世)."

—제백석(齊白石)

그러나 나에게 있어서 그림을 그리는 시간은 '그리움을 그리는 시간'이다.

시간이 흐를수록 더욱 겹겹이 몰려오는 간절하고 애틋하게 보고 싶은 그리움을 아름다운 물감 속에 풀어 넣으면서 나는 잔잔한 안정감과 행복감을 느낀다.

다듬어지지 않은 선과 색일지라도 멀리 서서 보면 하나의 전체적인 형태로 보이는 영상에 취해, 나는 앞으로도 계속 그리움을 그림으로 그릴 것이다. 부끄럽지만 이 책의 곳곳에 내가 그동안 그렸던 그림을 넣었다.

몇몇 그림에 곁들여 써 넣은 나의 짧은 글들도 아끼는 제자 함희경 선생의 아름다운 글씨로 더욱 빛을 발하고 있는 듯해서 기쁘다. 이 지면을 빌려 정성껏 글씨를 써 준 함희경 선생에게 감사의 마음을 전한다.

목차

내 삶의 기둥, 하나

사 랑

-마음 놓고 끝없이-

누구에게나 80년이라는 긴 세월을 살아오는 동안 겪어냈을 크고 작은 또는 인생의 전환점이 된 엄청난 사건들이 꽤 있을 것이다. 나에게도 내 인생을 180도로 바꾸어 놓은 획기적인 사건들이 많았다. 이를 하나하나 생각해 보니 정말로 내 인생을 변화시켜 준 사건들이 대략 10년마다 한 번씩 있었던 것 같다. 발달심리학자들은 인생 발달의 주기가 대체적으로 10년의 전환(10th year transition)으로 연결된다고 하는데 나도 예외는 아닌 듯하다. 그 전환을 거치면서 나의 삶이 성장해 올 수 있었던 것은 그 속에 깃든 측량할 수 없는 '사랑의 힘'이었음을 깊게 되새겨 본다.

내 삶을 180도로 변화시킨
내 삶의 이정표

1. 네 살 혹은 다섯 살 때 소아마비에 걸려서

　나는 1939년에 만주 봉천에서 태어나 해방될 때까지 그곳에서 자랐다. 어렸을 적 기억이 별로 없지만 내가 네 살 혹은 다섯 살 때 겪었던 무시무시한 사건은 아직도 생생히 기억하고 있다. 어느 여름 날 저녁이었다. 우리 집에 손님이 과일 바구니를 들고 왔기에 나는 그 바구니를 받으려고 일어서다가 넘어지고 말았다. 그 저녁 이전에 내가 아팠는지 아프지 않았었는지는 전혀 기억할 수 없으나 그날 저녁 내가 맥없이 넘어진 이후에 나는 두 다리를 전혀 쓰지 못하게 되었다. 어이없게도 나는 소아마비에 걸렸던 것이다. 놀란 어머니와 아버지가 나를 업고 이 병원 저 병원으로 뛰어다니셨던 기억이 생생하고, 어머니의 등에서 느껴졌던 따뜻한 체온이 아직도 뚜렷하다. 며칠간 양약으로 치료를 했으나 효과가 없자 부모님은 나를 한의원으로 데려가셨고 그 한의사는 내 무릎에 쑥뜸을 놓아보라는 처방을 내렸다. 절망적인 부모님은 최후의 방법으로 한의사의 처방에 따라 내 양쪽 무릎에 뜸을 놓기로 결정했다. 뜸을 뜨던 날 아침이 기억난다. 아침 일찍 낯선 아주머니들이 방으로 들어오더니 억지로 나를 방바닥에 눕히고 내 무릎 위에 약솜을 놓은 뒤 그 위에 쑥을 올려놓고 거기에 불을 붙여서 내 살을 태우는 것이었다. 내가 움직이지 못하게 친척 할아버지가 나의 두 팔을 꽉 붙들고 있어서 나는 꼼짝을 못하면서 엄마와 아빠를 목이 터지게 찾으며 울부짖었다. 그러나 아무도 나를 구원해 주지 않았다. 우리 식구들 그 누구도 내 주위에는 없었다. 나는 완전히 적군에게 포위당한 외로운 포로였다. 내 살이 타들어 가는 냄새를 맡으며 아무도 나를 구원해 주지 않는다는 철저한 고립감과 두려움 속에서 엄청나게 절박한 경험을 하며 나는 정신을 잃었다. 네다섯 살 난 아이에게 놓은 그 쑥뜸은 간단하게 끝났을 것인데 그 뜸의 효과로 나의 두 다리는 완전히 회복되었다.

그 사건은 아마 내 인생에서 내가 처음으로 당한 잊을 수 없는 트라우마였을 것이다. 그런데 감사하게도 나에게는 그런 트라우마에 대한 흔적이 없다. 그 흔적을 지우고도 남을 만큼 나는 부모로부터 풍성한 사랑을 받았던 것이다. 그 진실된 사랑이 내 마음속에 깊이 새겨져서 그 아픈 기억을 지워주었다고 생각한다. 지금 내 인생을 돌아볼 때 나에게는 그 트라우마의 흔적이 전혀 없다는 것을 상담학자로서 장담한다.

언덕 위의 집, 2018

뜸을 뜬 상처가 완전히 아물고 회복되는 동안의 길고 긴 과정을 나는 아직도 기억한다. 그동안에 나는 어머니가 정성껏 달여 주신 쓰디 쓴 한약을 열심히 잘 먹었다고 한다. 어른들도 먹기 힘든 그 약을 어린애가 참 잘도 먹는다고 어머니와 아버지가 칭찬해 주시는 바람에 잘 먹었을 것이다. 몇 달 후 내가 벽을 짚고 겨우 일어서서 다시 걸음마를 시작했을 때 어머니가 나를 안고 흐느껴 우시던 모습이 생생하고 옆에 앉았던 아버지도 함께 우시던 모습을 기억하면서 어린 나의 마음에 가득했던 행복감과 내가 다시 일어섰다는 자만감을 기억한다. 그때의 어머니와 아버지의 사랑은 순수하고 무한한, 마음 놓고 끝없이 베풀어 준 진실된 사랑이었다고 믿고 감사함을 느낀다. 그 깊은 사랑으로 나의 트라우마는 해결되었던 것이다. 만약 그때 내가 소아마비에서 회복되지 못했다면 내 인생은 어떻게 전개되었을까 상상도 하기 싫다. 만약 어렸을 적의 그 끔찍한 트라우마의 찌꺼기가 내게 남아 있다면 나는 아주 불편한 성격으로 세상을 증오하면서 스스로를 불행하게 만들면서 살아가고 있었을 것이다.

2. 1948년 38선을 걸어서 넘어오다

1939년에 태어난 우리 동갑내기들은 본인의 의도와는 상관없이 숙명적으로 어려운 사건들을 많이 겪어야 했지만, 이북이 고향인 나는 그 무서운 38선을 넘어 남하하는 어려운 사건을 하나 더 겪어야 했다. 특별히 그 당시 아홉 살이던 내게는 38선을 넘어온 것이 결정적으로 나의 운명을 바꾼 아슬아슬한 사건이었다. 그 시절에 이북에서 이남으로 남하해야 했던 다른 가족들은 남하하는 시기와 가족의 형편에 따라 각양각색의 고통들이 있었겠지만, 우리 가족의 형편은 아주 위험하고 불편한 것이었다.

   1945년 해방이 되자 만주에 살고 있던 우리 가족은 모두 평안북도 남시에 있는 할아버지, 할머니 댁으로 왔다. 그러나 곧이어 북한이 공산당의 세상이 되자 아버지는 다시 만주로 피해 가셨고, 그 사이 사이에 어머니는 남시 할아버지 댁과 아버지가 계시는 만주 사이를 왔다갔다 하는 모험을 감행하셨다. 1948년에 어머니는 넷째 아이 출산을 위해 남시에 머물고 있었고 아버지는 마침 만주 봉천 교민들을 위해 마련된 귀국선을 타고 남한으로 오셨다. 어머니는 아버지의 남하소식을 풍문으로 들었을 뿐이었지만 출산하자마자 딸들을 데리고 남하할 계획을 세웠다. 갓난아기를 출산한 직후였지만 38선을 넘어 아버지를 찾아가는 길만이 살 길이라고 어머니는 판단했다. 1948년 7월의 일이었다. 그때 맏딸인 언니는 열두 살, 둘째딸인 나는 아홉 살, 셋째딸은 네 살, 그 해 4월에 태어난 넷째딸은 겨우 백일을 지난 갓난아기였다. 36세의 젊은 엄마가 4명의 어린 딸들을 데리고 그 험악한 38선을 야반도주로 넘어야 한다는 것은 상상으로도 끔찍한 일이었다. 주위에서 모두 어머니의 남하계획을 만류했음은 물론이었다. 생각다 못한 어머니는 둘째인 나를 이북에 남겨놓고 남하했다가 다시 나를 데리러 올 생각을 하고 시부모님에게 그 사실을 의논하기로 했다. 손녀들 중에서 유난히 나를 예뻐하셨던 할머니, 할아버지가 어머니의 청을 들어주시리라고 어머니는 낙관하고 있는 듯했다. 그런 자초지종을 어렴풋이 알고 있었던 나는 너무나 슬펐다. '엄마가 어떻게 나만 버려두고 남한으로 떠난다는 말인가! 엄마는 나만 미워하는 것이 틀림없어!'라며 절망감에 빠졌고 나 혼자만 식구들과 떨어져 있어야 한다는 격리감과 억울함으로 오금이 떨릴 지경으로 외롭고 불안했다. 그러나 사정이 사정이니만큼 엄마에게 나도 따라가겠다고 떼도 못 쓰고 어른들의 처분만을 기다려야 하는 기막힌 상황에 놓여 있었다. 남하 준비가 거의 완성된 어느 날 어머니가 단호한 태도로 할아버지, 할머니께 나를 잠시 맡아달라 사정하려고 방 안에 들어갔다. 눈치가 멀쩡한 나는 그 순간을 놓치지 않고 문 밖에서 마치 최후 선고를 기다리는 피고인처럼 숨이 막히는 듯한 기분으로 울지도 소리 지르지도 못하고 초조하게 서 있었다. 그 순간의 그 막막하고 절망적이었던 경험이 나의 두 번째 트라우마였다. 그런데 이게 웬일인가? 엄마의 말을 듣자마자 할머니가 냉정한 태도로 "안 된다. 네 자식은 네가 데리고 가거라. 나는 혜성이 맡기 싫다." 하고 말씀하셨고 할아버지도 "할머니 말이 옳다."라고 딱 잘라 말씀하셨다. 그 순간의 해방감이란! 그러면서도 할머니까지도 나를 배척하다니 하는 생각으로 약간의 섭섭함도 있었던 것 같다. 그러나 나는 낭떠러지에서 구조 받은 어린 짐승처럼 기쁘면서도 슬펐다. 만약 그때 할머니가 엄마의 부탁을 들어주서서 내가 이북에 남아 있었다면 나는 어떻게 되었을까? 아마 열렬한 공산당원이 되었거나 실의와 절망으로 시들어진 가엾은 여인네로 늙어가고 있었을 것이다.

며칠 후 남하를 단행하면서 어머니는 며느리의 어려움을 조금도 배려해주지 않았던 시부모님이 너무나 야속했으나 혜성이를 함께 데리고 오길 참 잘했다고 나에게 말해 주셨다. 어머니는 편안하고 기쁜 얼굴로 몇 차례 똑같은 이야기를 해 주셨다. 나는 나를 데리고 떠나는 어머니가 너무도 고맙고 황송해서 불평 한마디 안 하고 그 험하고 어려운 38선을 걸어서 건넜다. 이남에 온 후에도 어머니는 혜성이를 이북에 두고 왔다면 그 슬픔이 지독했을 것이고 풀리지 않는 죄책감으로 힘들었을 거라고 여러 번 말하는 것을 들었다. 우리 어머니의 적극적이고 담대한 성격으로는 분명히 나를 데리러 다시 38선을 넘으셨을 테지만 그 어려움이 오죽 했을까? 어머니의 그 진실된 이야기를 되풀이하여 듣고 나의 트라우마는 해결되었다고 생각한다. 그러나 나는 어머니에게 빚을 지고 있는 듯한 느낌으로 심부름이나 부탁에 대해서 한 번도 "싫어, 안 할래."라는 거절을 해 본 기억이 없다. 어머니에 대한 고마움이 나를 착하고 순종적인 딸로 만들었던 것이 틀림없다. 어머니는 항상 "우리 무던한 혜성이, 착한 혜성이"라고 나를 평가하셨고 나는 그 칭찬을 훈장처럼 자랑스러워했다.

1948년 여름, 그 멀고 험한 무서운 38선을 울면서 넘어오던 긴 이야기를 짧게 줄이면, 우리 다섯 식구는 아슬아슬한 38선 경계망을 넘어오다가 유치장에 갇히기도 했으나 다행히 깊은 밤중에 산을 타고 38선을 넘어오지 않고 대낮에 썰물로 갯벌이 된 바다를 걸어서 38선을 건너는 행운을 얻었다. 어머니는 그 행운이 딸들을 다 데리고 온 자신을 위해 하나님이 베풀어 주신 은총이라고 말씀하셨다. 우리는 하루 종일 38선을 걷고 또 걸어서 남한 땅의 끝부분 청단(靑丹)이라는 곳에서 극적으로 아버지를 만났고, 후에 인천에 정착하게 되었다. 어머니가 딸 넷을 데리고 비밀리에 남하 계획을 세우고 할아버지 댁을 떠나서 인천에 정착하기까지의 기간은 물리적인 시간으로는 석 달 정도였지만 심리적인 시간은 3년, 아니 30년이 될 만큼 끔찍하고 절박했다. 그러나 그 기간 동안 젊은 나이의 우리 어머니가 보여 주었던 당당함, 신앙심, 결단력은 경이로웠고 사경 속에서 딸들을 지키기 위해 어머니가 보여 준 사랑은 지극했다. 그 끝없는 사랑이 나의 트라우마를 씻어 주고도 남았기 때문에 내 마음은 편안하고 건강하게 성장할 수 있었다.

3. 1968년 도미 유학을 떠나고 대학 교수로

1962년 서울 사대 국어과를 졸업하자마자 나는 경동중학교로 발령을 받아 교사생활을 시작했다. 그 당시에는 여교사가 남학교에서 가르치는 일은 혼치 않았으므로 경동중학교에도 여교사는 나 혼자였다. 나는 짓궂은 남학생들에게서 희귀동물(稀貴動物) 취급을 받으면서 2년 동안 매일 전쟁터에 나가는 군인처럼 긴장하며 출근을 했고 힘들게 하루의 일과를 마쳤다. 그 어려움 속에서 사춘기 소년들의 순수하고 앳된 관심과 사랑도 받았다. 이제는 다들 60이 훌쩍 넘은 장년이 되었지만 지금도 가끔 그들에게 안부 인사를 받는다. 후에는 이화여중으로 자리를 옮겨 3년 동안은 총명하고 발랄한 여학생들을 가르치며 나이를 잊은 채 10대의 소녀들과 어울려 시간가는 줄 모르고 지냈다. 그러는 가운데 국어교사 생활의 단조로움과 국어교육의 무의미함, 그리고 교무실의 묘한 분위기 등으로 인해 나는 갈등과 좌절과 열등감 범벅이 되었고 그 복합적인 감정의 소굴에서 벗어나야겠다는 때늦은 자각을 했다. 그때 나의 아버지는 나에게 힘과 용기를 주시면서 나의 유학을 지지해주셨다. 혼기를 놓친 과년한 딸에게 "네 앞길을 개척하라. 여성이 깨어야 민족이 산다. 너의 재능을 최대한으로 발휘할 수 있는 기회를 놓치지 말아라. 네 인생을 활발하게 펼쳐라."라고 격려해 주셨다. 아버지는 나의 스승이셨고 힘과 용기를 주는 진정한 카운슬러셨다. 나는 천신만고 끝에 1960년대 그 어렵다는 해외유학의 길을 걸어 29세의 만학도로서 미국에 가서 새롭게 상담공부를 시작했다. 미국에서 상담학을 공부하면서 겪어야 했던 좌절과 열등감, 절망감은 대단했으나 나는 상담학이라는 학문에 매료되었고 이 좋은 학문을 학생들에게 가르치고 싶은 열망에 차 있었다. 다행스럽게도 학위를 마치고 귀국해서 대학교수가 되었고, 한국 상담학계의 1세대로서 여러 일들을 해낼 수 있었다. 만약 1968년에 미국으로 유학하지 않고 그대로 주저앉아 있었다면 내 인생은 180도로 달라졌을 것이다. 나는 중등학교 교원으로서 좌절과 실의에 빠져 만성(慢性)에 젖은 교사로 살았을 것이다. 그때 나의 앞날을 용감하게 격려하고 지지해 주었던 부모님의 깊은 사랑과 미국에서 나를 지원해 준 언니 내외의 순수한 사랑이 오늘의 나를 있게 한 원동력이라 믿고 그 사랑에 깊이 감사한다.

1974년 3월에는 서울여자대학교 교육심리학과 조교수로 부임하여 3년간 정말 신나게 교수생활을 했다. 그 당시 내게서 강의를 들었던 교육심리학과 학생 3명이 나의 길을 따라 서울여자대학교의 상담심리학, 가족치료학, 발달심리학 교수가 되었다. 이들이 내 교수생활 최초의 빛나는 훈장이다. 그때의 학생들이 이제는 은퇴를 하는 나이가 되었고 우리는 사제지간이 아닌 친구와 동료의 정으로 자주 만나고 있다. 3년 후에는 이화여자대학교로 옮겨서 많은 제자들을 만났고, 상담심리학회와 여성심리학회, 학생생활지도 연구소 소장 회의, 카운슬러협회 등의 여러 학회에서 회장 등의 중책을 맡으며 한국상담학의 발전에 직접 참여했다. 나는 내가 이화여대 교수가 된 것이 너무나 기쁘고 좋았다. 이화여고 학생이었을 때, 어머니가 이화여대 교수인 친구가 있었는데 나는 그 친구가 자기 어머니 이야기를 하는 것을 들으

꽃밭, 2018

내 삶의 기둥·하나 *사랑*

면서 나도 이화여대 교수가 되고 싶다는 막연한 꿈을 가지고 있었다. 그래서 내가 정말 이화여대 교수가 되었을 때는 너무나 기쁘고 만족스러웠다.

나는 1974년부터 2000년까지 서울여대와 이화여대 교수로 있으면서 내 삶에 감사했고 교수라는 전문직을 지극히 사랑했다. 학문의 세계는 항상 '보다 나은 것, 보다 발전된 것, 보다 참된 것, 보다 아름다운 것, 보다 선한 것'을 향해 끊임없이 전진하는 자세를 가지고 있다. 노골적인 폭력이나 야비한 경쟁을 배제하면서 보다 나은 자신이 되기 위해 노력하는 젊은 영혼들과 함께 성장하는 직업…. 나는 내가 가진 회장, 원장, 총장, 권사 등의 칭호 중에서 '교수'라는 호칭을 가장 사랑한다.

4. 1981년 결혼하다

1974년 귀국한 이래로 서울여대와 이화여대의 교수로 학생들을 가르치면서 나는 충분히 기쁘고 행복했다. 그러나 내 나이가 40이 넘어서자 주위에서 '올드 미스'라는 유쾌하지 않은 타이틀이 직간접적으로 내게 스트레스를 주기 시작했다. 나 자신도 내 친구들은 이미 다 가지고 있는 '남편'이라는 존재가 나에게는 왜 없을까라는 생각으로 우울하고 외로웠다. 게다가 1970년대 말과 1980년대 초 국내의 정치적 혼란과 학내 소요로 대학교수의 일상은 불안하고 초조했고 불편했다. 진정으로 '내 편'이 되어 줄 그 누구, 정확하게는 '남편'이라는 존재가 참으로 아쉬웠던 그때, 아는 분의 소개로 나의 남편이 된 오병태 씨를 만났다. 처음 만난 그는 내가 확실하게 그려왔던 남편 이미지(像)에 안성맞춤처럼 딱 맞는 사람이었다. 나는 결혼하고 싶은 남자의 조건으로 아주 비현실적인 조건을 확실하게 가지고 있었다. 첫째 서울대 출신일 것, 둘째 체격이 클 것, 셋째 남성다울 것, 넷째 이북 출신일 것, 다섯째 쩨쩨하지 않을 것 등이 나의 굳건한 남편상이었다. 내가 이렇게 어찌 보면 아주 비현실적인 결혼조건을 내걸고 있었던 저의(底意)는 내가 결혼을 못 하는 것이 아니라 내 조건에 맞는 마땅한 상대가 없어서 안 하는 것이라고 나 자신을 보호하기 위해 내걸은 눈물겨운 방어기제였다. 그런데 1980년 10월에 내가 잘 알지도 못하고 전혀 생각지도 못했던 분의 소개로 오병태 씨와 선을 보게 된 것이다. 희한하게도 처음 본 오병태 씨는 나의 이 비현실적인 조건에 신통하게도 딱 들어맞는 상대였다. 경복고등학교와 서울대 공대 건축과 졸업, 178cm, 90kg에 가까운 거구, 평안북도 박천이 고향인 그의 익숙하고 정겨운 평안도 사투리. 나의 본적은 평안북도 용천, 박천과 가까운 지역이었다. 처음 만났음에도 불구하고 나를 대하는 그의 태도는 남성답고 당당했으며 절대로 쩨쩨하지 않았다. 그가 3명의 자녀를 둔 46세의 홀아비라는 점만 빼고는 황홀하리만큼 비현실적인 나의 결혼조건을 골고루 갖추고 있어서 나는 그를 처음 보는 순간부터 그에게 '뽕' 갔다. 그래서 나는 '남편과 아내는 서로가 서로를 마음 놓고 끝없이 사랑할 수 있는 관계'어야 한다는 말을 만들어 내고는 그 말에 스스로 심취해서 그 구절을 깃발처럼 흔들고 다녔다. 주위에서는 전처 자식을 셋이나 두고 재혼하는 남편과 아무것도 모르는 올드 미스 대학 교수인 초혼의 아내가 이끌어 갈 가정생활의 어려움을 염려하는 목소리가 높았다. 그러나 그런 어려움을 전혀 의식 못하고 들떠 있는 철없는 만 42세의 노처녀 신부였던 나는 20대의 앳된 신부처럼 기쁘고 행복했고 희망에 차 있어서 주위의 그런 부정적인 소리에는 개의치 않았다. 그러나 결혼 당시부터 여의치 않았던 남편의 경제적인 어려움을 함께 극복하느라고 결혼 초 몇 년간 고생도 많았다. 결혼한 뒤 남편은 곧 사우디아라비아 현장 근무를 떠났고 나 혼자 아이들을 데리고 서울에서 살아야 했다. 그러나 그런 형편이 오히려 내가 아이들과 친해질 수 있는 기회가 되었고 새엄마의 위치를 확고하게 하는 계기가 되었다. 내가 자라온 성장 배경과 가정의 문화와는 너무도 다른 남편의 가정 배경, 문화적 차이 때문에 심한 갈등과 좌절도 있었다. 그러나 나는 하나부터 열까지 완전히 남성답고 쩨쩨하지 않으며 '살아 천당'을 생활신조로 삼고 '내 생활에서는 마누라가 프라이어리티 #1'이라고 실천하며 살고 있는 남편이 참으로 좋았다. 성인이 되어서 만난 우리의 결혼은 서로에 대한 신뢰와 존경으로 많은 어려움 가운데에서도 건실하게 자리잡아 갔다. 그는 나의 믿음직한 해결사였고 보호자였고 나는 그의 순하고 부드러운 지지자였고 행복한 피보호자였다. 그와의 결혼

내 마음길 가는곳
그 어디에나 있으면서도
내 눈길 가는곳
그 어디에도 보이지않는
그는
언제나 나의 모든것

知音, 2016. 4

내 삶의 기둥·하나 사랑

생활을 통해서 나는 현실을 제대로 볼 줄 아는 눈을 가지게 되었고 인간적으로도 많이 성장했다. 그래서 결혼 몇 년 후에는 많은 사람들의 염려와는 다르게 나의 결혼이 '성공적인 결혼'으로 주위사람들에게 회자(膾炙)되었다. 나는 이 큰 복의 밑바탕에는 '사랑의 힘'이 있었고 우리 부모님의 간절한 기도의 힘이 있었다고 확신한다. 내가 만약 결혼을 안 했더라면, 나는 아마 짜증스럽고 미련하고 심술 궂은 올드 미스 교수로 늙어가고 있었을 것이다.

결혼은 나의 인생행로를 확연히 바꿔준 큰 계기였다. 늦은 결혼이었으나 우리는 31년간 행복하게 살았다. 그가 떠난 지 어느 덧 6년이 되었지만 그는 내 마음 가는 곳 어디에나 있기 때문에 나는 언제나 그와 함께 사랑 속에서 살고 있다. 내 마음속 어디에나 있는 그를 좀 더 잘 보려고 눈을 뜨는 순간 그의 모습은 사라진다. 이런 그의 현존(現存)과 부재(不在)를 거의 매일 아프게 그리워하면서 나는 그가 나를 위해 베풀어 준 넓고 깊은 사랑과 배려를 매 순간 감사해 하고 그의 높은 뜻을 존경하면서 살고 있다. 그와 나의 일생의 금자탑인 한국상담대학원대학교를 명품 대학원으로 키워 가면서 그와 나의 인생을 빛난 것으로 만들기 위해 노력하고 있다. 오늘의 나를 지탱해 주고 있는 그의 큰 사랑에 깊이 감사한다. 그 사랑과 감사의 마음으로 나는 배우자를 사별한 최고(最苦), 최악(最惡), 최종(最終)의 아픔을 승화시키면서 살고 있다.

5. 1994년 이화여자고등학교 총동창회장이 되어

진정으로 나는 내가 1994년부터 2000년까지 이화여고 총동창회 회장으로 일했던 것을 우리 가문의 영광으로 생각하고 있다. 그 6년 동안 정말로 즐겁고 기쁜 마음으로 일할 수 있었다. 동창회는 아무런 보수나 대가를 기대하지 않고 순수한 마음으로 자발적으로 자기 재능과 시간과 노력을 기쁘게 기부하는 모임이다. 나는 동창회는 학교를 위해 있는 기관이기 때문에 학교를 위해 무슨 일을 할 것인가를 생각해야 하고, 학교의 명예는 졸업생에 의해 좌우된다는 신념으로 항상 즐겁게 일했다. 내가 이렇게 자신있게 말하는 이유는 첫째로, 이화여고는 정말 좋은 학교라는 사실이다. 132년의 긴 역사를 가진 이화여고는 졸업생들에게 학교에 대한 강한 자부심을 깊이 새겨준 훌륭한 교육을 실시해 왔다는 것을 동창회장을 하면서 실감했기 때문이다. 둘째로는 내가 가진 남다른 몇 가지 특권 때문이었다. 무엇보다도 나는 1954년부터 1975년까지 23년간을 이화에 봉직하시면서 이화를 진정으로 사랑하셨던 이인수 선생님의 딸이라는 특권이다. 나는 개인적으로 우리 아버지와 같은 진정한 의미의 사도(師道)를 지키는 교사는 흔치 않다고 생각한다. 아버지는 담임반 학생들 하나하나를 순수한 인간적인 관심과 사랑과 배려로 대했고, 철저한 교재준비와 학사(學事)활동 모두에 지극한 정성을 쏟으셨으며, 봉사클럽인 샛별클럽을 창설하시고 그 학생들에 대한 깊고 깊은 사랑과 소명의식은 경이로웠다. 그래서 1950년대 중반부터 1970년대 중반에 이화여고를 다닌 학생들은 모두 우리 아버지를 기억할 뿐만 아니라 그 가르침과 사랑에 깊은 존경심을 가지고 있다. 나를 잘 모르는 동창을 만나면 나는 으레 "내가 이인수 선생님의 둘째 딸이에요. 그리고 동창회장이에요."라고 했다. 그 말을 듣는 순간 상대방에게서 느껴지던 기쁨과 놀라움에 가까운 친근감은 나를 신나게 해주었고, 이런저런 관계로 나를 알고 있는 동창들도 내가 이인수 선생님의 딸이라는 사실을 첨가해서 더욱 적극적으로 동창회에 참여하게 되었다고 생각한다. 또 다른 특권은 우리집 여섯 자매들이 모두 이화동창이라는 사실이다. 요즘의 세태로는 한 집에 딸만 여섯이 있는 일도 쉽지 않을 것이고, 또 그 딸들이 모두 이화동창이 된다는 일은 결코 쉽지 않을 것이다. 어쨌거나 우리 여섯 자매는 모두 이화여고 졸업생이고 여섯 자매들 모두가 각자의 친구들 이야기를 집에 와서 자세히 하곤 했으므로 우리는 다른 자매의 친구들을 마치 자기 친구인 양 가까이 알고 있다. 이렇게 해서 알고 있는 이화 동창생의 수도 상당해서 나에게는 큰 힘이 되어 주었다. 그리고 또 다른 특권은 내가 1964년 10월부터 1967년 12월까지 3년간 이화여중 교사로 있었다는 경험이다. 나는 일생을 교사와 교수로 일관해 온 사람인데 특히 이화여중 교사로서의 3년은 내가 가르치는 사람으로서 학생들과 가장 깊은 교감을 가졌던 시기였다. 나는 이 시기를 나의 교사로서의 황금시대였다고 늘 자랑하고 있다. 특별히 1965년 3월에 이화여중에 입

꽃잔치, 2018

학한 학생들(이화 '71 졸업동기)에게는 중학교 1~3학년까지 매주 4시간씩 국어를 가르쳤기 때문에 그 학년 거의 대부분을 아직도 중학교 때의 모습으로 상기하고 반(班)이름과 번호를 기억하고 있는 학생들이 많다. 그래서 이 학년을 나의 '직업에서의 첫사랑'이라고 공공연히 말하고 다닌다. 동창회장을 하면서 자기 동기동창들 말고 이렇게 많은 상·하급생 동창들을 알고 있다는 것은 대단한 자산(資産)이다. 그래서 나는 이들을 만나는 일이 즐겁고 이들이 나의 일을 진심으로 도와주고 좋아해 주는 덕분에 동창회장으로서 많은 박수 갈채를 받을 수 있었다. 또한 동창회장을 하는 중에 특별히 1997년부터 1999년에 걸쳐서 류관순기념관 의자 1,764석을 새것으로 바꿀 수 있었다. IMF가 시작된 어려운 시기에 3억이라는 거액을 모금하는 일을 진행하면서 이화 동창들의 차원 높은 사회의식과 깔끔한 일처리를 보면서 나 자신이 인간적으로 많이 성숙했다.

　동창회 일이라는 것이 속된 말로 돈이 생기는 것도 아니고 명예가 생기는 일도 아닌데 일이 있을 때마다 열심히 나와서 헌신적으로 봉사하는 동창들을 보면서 교육적인 효과에 대해서 많은 것을 느꼈다. 그중의 하나가 '우등생'에 대한 생각이다. 학교 다닐 때 반장을 하고 최우등생으로 상장도 받으며 많은 선생님과 친구들로부터 흠모를 받던 학생들보다는 평범한 존재로 편안하고 기쁘게 학교생활을 즐기고 클럽활동을 신나게 했던 동창들이 진정으로 동창회 일에 열심이었다. 물론 예외도 있고 일률적으로 말하기는 곤

란하고 위험한 일이기는 하나 이들은 대개의 경우 원만한 인간관계를 유지하면서 행복한 가정생활을 꾸리고 자녀들을 잘 기르고 있음을 보았다. 이들을 보면서 학교교육의 맹점 하나가 바로 '공부만 잘하는 맹꽁이'를 양산하는 데 있는 것이 아닌가 생각했다. 자기의 눈 앞에 놓인 이익만을 좇으면서 남에게 뒤지지 않고 최고의 자리를 지키느라고 애쓰다 보면, 남을 생각하거나 먼 앞날을 바라보는 안목이 좁아질 수밖에 없는 것은 어쩌면 당연한 일인지도 모른다.

그리고 또 한 가지 종교교육의 중요성에 대해서도 깊이 생각했다.

어려서부터 기독교 교육을 받은 이화 동창들은 근본적으로 인간을 귀히여기고 다른 사람을 사랑하는 가치관이 형성되어 있음을 절감했다. 모든 것이 천박 일로로 치닫고 있는 듯한 요즈음 세상을 보면서 이화에서 받았던 좋은 교육이 이 사회 전반에 더욱 확산되어야 하며 진정한 의미의 사랑이 우리의 일상생활 속에 스며들어 있기를 소망하게 되었다.

6. 한국청소년상담원 원장으로 7년을

1998년 7월에 뜻하지 않게 정부기관인 한국청소년상담원 원장으로 부임하게 되었다. 이때부터 2005년 6월까지 만 7년 동안 일한 경험은 나의 80년 인생살이에서 색다른 빛을 발하는 시기였다. 학교 분위기에서만 살아오던 나는 정부조직의 한 기관에서 학교에서와는 또 다른 기쁨과 보람을 느끼며 일했다. 그 기간 동안 나의 전 커리어에서 가장 활발한 활동을 다각적으로 펼쳤다. 그리고 무엇보다도 '나 자신답게, 나대로' 일하면서 '나의 성격적인 특성'이 빛을 발했던 시기였다고 확신한다. 한 기관의 장으로서 나는 주위의 눈치를 보지 않고 본래의 내 생각과 느낌을 진솔하게 말했고 그 내용을 욕심 없이 정직하게 행동으로 옮길 수 있었음에 감사한다. 나는 직원들에게 항상 진심으로 친절했고, 격려했고, 배려하면서 지냈다. 직원들의 계획을 진심으로 신뢰하고 그들의 진정한 노력을 치하했다. 상담을 전공한 우리 직원들은 모두 나의 이런 진심을 그대로 수용하고 기뻐해 주었다. 나는 시간이 있을 때마다 우리 청소년상담원과 나라와 내 주변에서 일어나고 있는 일에 대한 나의 생각과 느낌을 직원들에게 이메일로 솔직하게 알렸고, 실제로 자연스러운 대화를 통해 공유하면서 거리감 없이 지냈다. 나의 권위를 내세우지 않는 이런 무책략(無策略)적인 태도가 직장의 분위기와 직장 구성원의 특성에 따라서는 얼마든지 배척 받을 수도 있었을 텐데, 청소년상담원에서는 그렇지 않았다. 오히려 고맙게도 나의 이러한 특성을 직원들은 '여성 지도자의 특별한 리더십'이라고 칭찬해 주어서 기뻤다. 나는 우리 청소년상담원이 청소년상담뿐만 아니라 청소년과 관계 있는 모든 일들을 연구하고 실행할 수 있는 기관으로서 상담을 공부한 사람들이 진정으로 일하고 싶어하는 기관이 되기를 희망하였다. 실제로 내가 있는 동안 많은 상담학도들이 우리 기관에서 여러 가지 일들을 하다가 다른 직장으로 떠났는데 나는 이런 현상도 한국의 청소년상담학 발전을 위해 좋은 일이라고 생각했다. 문화체육관광부에서는 우리 기관의 이직률이 높다고 걱정했으나 나는 그렇게 생각하지 않았다. 왜냐하면 한국청소년상담원은 청소년상담의 이론과 실제, 잡다한 행정적 일처리와 행사 등을 실습하기에 매우 적합한 곳이고 이러한 일들이 청소년상담에서는 필수적인 경험이라고 믿었기 때문이다. 그러므로 한국청소년상담원에서 일한 경험이 있는 사람들이 대학이나 다른 상담센터 또는 개인적인 상담소로 직장을 바꿀 때 좀 더 효과적으로 많은 일을 할 수 있었다고 확신한다. 또한 나는 이 기관에서 일하고 있는 직원들이 직장에 오는 일을 즐겁고 신나게 여기도록 문화적인 분위기를 만들어 주고 싶었다. 그래서 각 실별로 특별행사를 주선하도록 해서 '봄을 테마로 하는 오찬 모임' '전 직원을 위한 댄스 교습' '전 직원이 함께 영화 관람하기' '불우이웃을 위한 바자회' 등을 열기도 하고, 월례회 시간에 좋은 시(詩)와 노래를 부르는 기회도 갖게 했다. 그래서 우리 직원들은 큰 갈등이나 시비 없이 서로서로 가족처럼 잘 지내고 있다고 자랑하면서 지냈다. 그러나 시를 읽고 노래를 부르는 일은 별로 효과가 없었던 것 같다.

내가 부임했던 1998년 이래로 정보통신부의 협조 아래 인터넷 청소년상담 시도를 위시하여 16개의 시도 청소년상담실에 갖가지의 프로그램을 개발하여 보급했고 청소년상담에 관한 연구책자를 발간하고 연구 세미나와 콘퍼런스를 정규적으로 진행했다. 이런 여러 가지 일들을 기획하고 실행한 가운데서 가장 중요한 일은 청소년상담사를 국가자격증으로 격상시킨 일이었다. 2002년에 개정된 「청소년특별법」에 의해서 한국청소년상담원은 재단법인에서 청소년특별법에 의한 특별법인으로 서울지방법원 상업등기소 등기를 마쳤고, 「청소년기본법」 시행령과 시행규칙이 개정되어 청소년상담사 국가자격검정제도 실시에 따르는 모든 준비를 마쳤다. 드디어 2003년 4월 27일에는 오랫동안 소망하며 정성스레 준비해 온 제1차 청소년상담사자격검정제도 필기시험이 실시되었고 필기시험과 면접시험 합격자를 위한 자격연수를 7월부터 3개월간에 걸쳐 수행하게 되었다. 이 모든 행사를 기획하고 실시하면서 나는 내가 대한민국의 청소년상담을 위해 제법 큰 일을 이루었다는 자부심을 갖게 되었다. 청소년의 내부에 존재하는 성장하려는 힘, 도전하고 몰입하고 좌절하고 다시 일어서는 그 강인한 청소년 시기에만 있는 힘을 '청소년성(youth spirit)'이라 명명하고, 나는 그 힘을 길러주는 역할을 청소년상담사가 해야 한다고 믿었다. 한국에서 실시되는 갖가지 상담사자격증 중에서 청소년상담사만이 국가가 인정하는 자격증이다. 나는 대한민국 정부가 청소년을 상담하는 상담사를 국가에서 인정해 준다는 이 엄청난 사실이 감사했고 이 제도를 훌륭하게 지속 발전시켜야 한다고 역설했다. 그 외에도 참 많은 일을 전국적으로 행했다. 그러나 행사로만 끝나고 마는 모든 노력이 늘 아쉬웠다.

청소년상담을 위한 중추기관인 한국청소년상담원이 있는 우리나라는 참 좋은 나라라고 생각하면서 이 기관의 무궁한 발전을 위해 늘 아낌없는 성원을 보낼 것을 스스로에게 다짐한다.

7. 2010년 한국상담대학원대학교를 설립하고

오래전부터 내 마음속에는 상담정신 가득한 세상에서 살고 싶은 염원이 있었다. 사람들이 서로 상대방을 순수하게 이해하고 긍정적으로 신뢰하고 정직하게 배려하면서 성장하는 순한 삶, 이런 삶을 사랑하는 사람들이 모여 살아가는 좋은 커뮤니티를 이루어 보고 싶은 아득한 꿈이 있었다. 그런 나의 꿈이 이루어지리라고는 그야말로 꿈도 꾸지 않았는데, 2010년에 나의 남편이 내 꿈을 이룰 수 있게 해 주었다.

기업이익을 사회에 환원하겠다는 뜻을 가지고 있는 멋진 사업가인 나의 남편 우천(宇川) 오병태 회장은 상담정신 가득한 좋은 커뮤니티를 만들고 싶어 하는 나의 뜻에 동조하여 2008년에 학교법인인 우천학원(宇川學園)을 설립하고 이듬해인 2009년에 한국상담대학원대학교 설립인가를 받았다.

그리하여 2010년 3월 2일에 한국상담대학원대학교가 개교를 하게 되었고 나는 총장으로 일하게 되었다. 석사·박사 학위 과정생 200명이 총 정원인 학교에 '총장'이라는 직함이 무겁기도 하고 어색하기도 하지만 나와 남편의 꿈을 실현하는 교육기관의 장으로 최선을 다해서 내 임무에 충실하겠다고 스스로 다짐하고 있다. 1973년 상담 교육학박사를 받고부터 37년의 세월이 흐르는 동안 내 삶의 원동력이 되어온 상담에 대한 나의 생각을 펼쳐볼 수 있는 좋은 계기가 된 것이라고 만족했다.

우리 한국상담대학원대학교에서 나는 인간이 진정으로 인간다운 삶을 살 수 있도록 이끌어 주는 상담학을 정립하고자 한다. 현대인의 고독한 정신세계를 품위 있게 키우고 매일매일의 삶을 사랑하면서 살아가는 사람들의 좋은 커뮤니티로 우리 한국상담대학원대학교를 운영하려고 한다. 1960년대 미국에서 수입된 상담학의 이론과 테크닉에 의존해 오고 있는 우리나라의 상담 분야를 우리 정서에 맞는 상담학으로 연구하는 기관으로 성장시키고 싶다. 방법적으로는 상담학을 다학제적으로 접근하는 교과목을 개발하고, 상담실습 과정을 의무화해서 인간을 입체적으로 이해할 수 있도록 학과 운영을 하여 편제 정원 200명을 소수정예로 공부시키고 싶다. 우천학원을 설립하고 한국상담대학원대학교를 운영하는 우천 오병태 이사장의 높은 뜻에 진심으로 감사하면서 총장인 나는 이 학교를 정성을 다해 키워갈 것이다.

나는 우리 학교를 '규모는 작지만 특별한 상담전문대학원'으로 만들고 싶은 간절한 열망을 가지고 있다. 내 마음속에 각인된 '특별한 상담전문대학원'에 대한 그림은 '상담의 기본철학과 기본정신을 배우고 가르치고 실천하면서 운영되는 상담전문대학원'이다. 인간에게는 선천적으로 고귀한 본성과 자신만의 독특한 능력이 있음을 믿고 그 본성과 능력을 찾아서 성장할 수 있도록 격려하고 용기를 주는 활동이 상담의 기본 철학이라고 나는 믿고 있다. 또한 인간의 고귀한 본성과 자신만의 독특한 능력을 품격 있게 표현하면서 서로를 존중하고 배려하는 것이 상담의 기본 정신이라고도 믿고 있다. 이런 철학과 정신으로 우리 학교를 운영하려 한다. 또한 그러한 사람들의 공동체로 가꾸고 싶다. 이를 위해서 나는 우리 학교에만 존재하는 특별한 교육과정과 프로그램을 여기에 자랑고자 한다.

그 첫째는 개교 당시부터 인간을 연구하는 인문학에 기반한 상담학을 구축하여 더 나은 인간으로 성장하도록 교과과정을 구성하였다는 것이다. 우리나라에서는 최초로 '인문상담학'이라는 개념을 세우고, 상담의 과정에 철학적 사유와 질문을 활용하는 상담을 철학상담, 상담의 과정에 문학적인 통찰력과 표현력을 활용하는 상담을 문학상담이라 정의하고 이들을 구체화하기 위해 새로운 시도를 하였다. 상담의 이론과 실제에 철학과 문학의 핵심을 활용한 프로그램들을 개발하여 실시하면서 상담 과정을 깊이 있게 하기 위해 다방면으로 노력하고 있다. 우리나라 최초로 철학상담과 문학상담을 전공분야로 개설하여 학위 논문을 쓰고 그 학위를 수여해 오고 있다.

둘째로는 학위과정에 필요한 교과과정 이외에 우리 학교에서는 다양한 콜로키움과 특강과 세미나를 많이 개설하고 있다. 그 한 예로 '한국상담의 진수(眞髓)를 듣는다' 프로그램을 개설하여 우리나라 상담학계의 원로들을 초빙하여 그분들이 전념하고 있는 상담의 이론과 실제를 듣는다.

셋째로 우리 학교의 특정한 교육목표를 구현하기 위해서 '15세 상담연구소' '인문상담학연구소' '코칭상담연구소' 등의 부설기관을 설립하여 인문학에 기반한 상담활동의 확대에 노력하고 있다.

넷째로 학교의 부설기관인 마음지음상담센터와 상담학아카데미에서는 지역사회를 위한 다양한 사업으로 상담의 일상화를 위해 많은 프로그램을 개설 · 운영하고 있다.

이렇게 장황한 설명을 하는 것은 이 프로그램들이 우리 학교에서만 운영되기 때문이다.

그 이외에 총장으로서 나는 2010년부터 현재까지 매달 한두 차례 교수와 직원들, 그리고 재학생과 졸업생 모두에게 이메일로 총장서신을 보낸다. 나는 재학생이나 졸업생 대부분의 이름을 기억하고 그들 한 명 한 명과 개인적인 교류를 하고 있다. '상담은 관계'이며 '배려와 존중의 상담정신은 일상생활 속에 살아있어야 한다.'라는 철학을 가지고 있기 때문에 학교 구성원들 모두에게 진심의 배려와 존중을 공유하려고 노력한다.

2010년 개교 이래로 나는 우리 학교에 지원하여 서류전형에 합격한 모든 지원생들을 면접한다. 지원생들에게 학교를 소개하고 긴장감을 풀어주기

꽃밭, 2018

내 삶의 기둥·하나 *사랑*

위해서 정식 면접에 들어가기 전에 총장이 먼저 지원생들을 만나기 시작했고 그것이 이제는 전통이 되었다. 학생들이 SNS에 올린 글들에 총장과의 만남이 의미가 있었다는 내용이 있어서 나를 기쁘게 해주고 있다. 이런 시간을 통해서 나는 우리나라에 '상담'이라는 용어가 상당히 많이 알려져 있다는 사실을 기뻐하면서도 '상담'의 기본철학과 기본정신이 많이 오염되고 있음이 안타깝다. 특히 '자격증 만능시대'가 된 현대사회에서 상담에 관한 자격증이 너무 남발되는 것 같아 걱정이다. 조사에 의하면 상담과 관계되는 민간자격증이 870여 개나 존재한다고 한다. 나는 상담은 인간을 인간답게, 정중하게 대접하고 배려하는 학문적인 훈련을 받은 상담자가 '삶 속의 삶, 진정으로 본인이 원하는 삶'을 찾아가도록 도와주는 과정이어야 한다고 믿기 때문에 상담을 소중하게 가르치고 실천하기 위해 최선을 다하려고 한다.

1940년대와 1950년대에 있었던 내 삶의 위기, 1960년대와 1970년대에 있었던 내 삶의 도약기, 1980년대와 1990년대, 2000년대에 있었던 내 삶의 전성기, 이제 팔순의 새로운 세상을 향해 새롭게 도전하려는 나의 삶! 그 큰 줄기를 흐르는 개념은 고난과 그 고난의 극복, 이를 통한 성장이었다. 그리고 그 근본을 이루는 정신은 사랑이었다. 그 사랑은 '마음 놓고 끝없이' 주고 받을 수 있는 인간과 하나님의 사랑에 근본이 있었음을 절감하며, 나는 나의 팔순 세계를 경건한 마음으로 기대한다.

내 삶의 기둥, 둘

신앙

-저 높은 곳을 향하여-

나에게 있어서 주일마다 교회에 나가 찬송을 부르고 기도를 드리는 것은 공기처럼 자연스럽고 당연한 의식이다. 모태 신앙은 아니지만 어려서부터 교회에 다녔고, 이화여자중·고등학교에서 종교교육을 받았으며 항상 교회에 적을 두고 성가대, 주일학교 교사, 집사 등의 직분을 맡아서 나름대로 봉사활동도 열심히 하고 있다.

2017년에는 내가 50여 년간 다니고 있는 동안교회의 월간지에 '신앙에세이' 칼럼을 써달라는 청탁을 받고 특정한 찬송가와 연결지어서 나의 신앙이 자라온 원천(原泉)을 기록했으며, 2018년에는 바울 서신을 묵상하면서 신앙에세이 칼럼을 쓰고 있다.

내 신앙의 원천

1. "예수님의 귀한 사랑 심히 사모합니다"

—내 신앙의 발아점(發芽點)—

내가 처음 다녔던 교회는 평안북도 용천군 외상면 남시동에 있었던 남시교회였다. 지금으로부터 70여 년 전인 1947년, 부모와 떨어져 외롭고 슬프게 살던 그때에 남시교회에서 베풀어 주었던 따뜻한 사랑과 풍금소리와 함께 울려 퍼지던 찬송가의 멜로디를 나는 아직도 생생히 기억하고 있다. 그 교회에서 나는 예수님의 귀한 사랑을 어렴풋하게 느끼기 시작했고 거기서 나의 신앙은 싹트게 되었다고 믿는다.

1945년 8월 우리나라가 해방이 되자 만주 봉천에서 살던 우리 가족은 평안북도 남시의 할아버지, 할머니 댁으로 왔다. 해방 직후의 혼란 속에서 우여곡절을 겪다가 1947년 초 아버지와 어머니는 언니(11세)와 나(8세)와 동생

(5세)을 남시에 남겨두고 어린 애기만을 데리고 다시 만주로 돌아가셨다. 할머니는 아들, 며느리가 맡겨놓고 가버린 셋씩이나 되는 손녀를 귀찮아 하셨고, 공산주의를 몹시 혐오하셨던 할아버지는 언니와 내가 다니던 인민학교를 다니지 못하게 하셨기 때문에 언제 오실지 모르는 부모를 기다리면서 우리들은 불행하고 슬픈 나날을 보내야 했다. 그런 와중에 늘 엄마를 찾으면서 많이 아프던 동생이 어느 날 아침 조용히 세상을 떠나 버리자 언니와 나는 서로만을 의지하면서 친하게 지낼 수밖에 없었고 그 특별한 친밀감은 일생 동안 우리를 자매로, 친구로, 전문직의 동료로 존경하고 신뢰하는 아주 고귀한 인간관계로 이끌어 주고 있다.

그러는 동안 초겨울이 왔다. 언니와 나는 동네 어떤 아주머니를 따라 남시교회에 갔다. 생전 처음 들어선 교회의 분위기는 우리 집과는 아주 달랐다. 할머니의 짜증스러운 얼굴과 할아버지의 무서운 얼굴만 보며 살던 우리에게 웃음과 친절로 가득한 교회는 마치 천국과 같았다. 그래서 언니와 나는 일요일은 물론이고 수요일에도 열심히 교회에 다녔다. 그때 이기혁 목사님을 강사로 모시고 사경회가 열렸다. 사경회의 뜻도 모르면서 우리는 매일 저녁 어두운 논둑길을 걸어서 교회에 개근을 했는데 이기혁 목사님이 예배 시간에 자주 불렀던 찬송이 〈예수님의 귀한 사랑〉이었다.

예수님의 귀한 사랑 심히 사모합니다

허물된 일 하나 없이 원수에게 잡혀가 십자가에 죽으실 때

귀한 사랑 변찮고 원수 위해 기도하니 주의 사랑 크도다

예수님의 크신 권능 심히 사모합니다

사십일을 금식하고 마귀에게 끌려가 크게 시험 받았으나

한 번 지지 않고서 넉넉하게 이겼으니 주의 권능 크도다

예수님의 밝은 영광 심히 사모합니다

사망권세 이기시고 무덤에서 나와서 하늘 위로 오르서서

주 하나님 우편에 영광 중에 앉으시니 주의 영광 빛나네

[*이 찬송가는 개편 찬송가에는 수록되지 않았지만 그 멜로디가 하이든의

현악 사중주 '황제'의 2악장 주제이며 독일의 국가(國歌)이다.]

　그 해 성탄절, 주일학교에서는 '아기 예수 탄생'을 연극으로 준비하면서 나에게 마굿간의 당나귀 역할을 하라고 했다. 선생님이 나에게 '어흥' 하는 당나귀 소리를 내보라고 해서 나는 '어흥' 하는 소리를 내다가 그만 엉엉 울어버렸다. 결과적으로 나는 그 역할을 못하고 말았지만, 그때 내가 울었던 울음은 여러 가지의 의미가 있었다. 오랫동안 억눌려 있던 복합적인 설움들…. 부모님과의 이별, 동생의 죽음, 쓸쓸하고 외로웠던 나날들의 설움이 한꺼번에 큰 울음으로 터져 버렸던 것이다. 그것이 카타르시스가 되어서인

지 그 순간 나는 참으로 마음이 편안해졌다. 마음 속 깊은 곳으로부터 기쁨이 깨어나는 것 같았다. 나를 진심으로 달래 주는 반사 선생님의 위로는 오래 잊고 있었던 부모의 사랑을 일깨워 주는 것 같았다. 그 특별했던 느낌은 예수님의 귀한 사랑에 뿌리를 두고 있었던 것이다.

어둡고 외로웠던 어린 시절 그 교회에서 받았던 사랑과 기쁨과 위로가 나의 신앙심의 기초가 되었음을 깨닫고 감사하면서 남시교회를 잊지 못하고 있다.

2. "주 안에 있는 나에게 딴 근심 있으랴"
-어머니의 신앙-

하나님을 믿고 하나님의 말씀을 따르며 주일을 경건하게 지키시며 찬송과 기도를 쉬지 않으셨던 어머니를 우리들은 '하나님의 딸 이경패 권사님' 이라고 부른다. 어머니는 하나님의 특별한 사랑을 받을 만한 하나님의 딸로 사셨다고 믿고 있기 때문이다. 자손들에게 신앙심을 유산으로 물려 주시고 신앙의 본이 되시는 우리 어머니의 깊은 신앙심은 해방 후 38선을 넘어오는 과정에서 겪어야 했던 3년여의 어려운 시련 속에서 하나님의 은총과 섭리를 체험하시면서 다져진 것이었다.

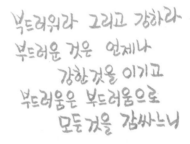

부드려움

부드려워라 그리고 강하라
부드려운 것은 언제나
　　강한것을 이기고
부드려움은 부드려움으로
　　모든것을 감싸느니

知音, 2016

1912년에 평안북도 작은 마을에서 태어난 어머니는 부모로부터 아들보다 더 깊은 인정과 사랑을 받으면서 자랐고 결혼 후에는 딸만을 내리 낳으셨으나 남편에게서 푸대접은커녕 극진한 위로와 사랑을 받았으며 노년에는 여섯 딸들의 존경과 사랑 속에서 97세까지 살아오신 행복한 여인이셨다. 그러나 이북 태생인 어머니는 국가적 변혁의 시대를 살아낸 동시대 여성들보다 더 혹독한 삶을 살았던 약 3년의 세월이 있었다. 어머니의 신앙이 굳건하게 다져진 그 시절에 있었던 일들은 지금도 내 머릿속에 생생히 저장되어 있다.

1945년 해방 직후의 혼란 속에서 아버지는 혼자 만주에 계셨고 어머니는 딸들을 데리고 평안도 고향에 머물러야 했다. 세상이 더욱 어수선해지자 어머니는 아버지를 찾아 1947년 겨울 딸 셋을 거느리고 용감하게 압록강과 안뚱을 거쳐 조선과 중국의 국경지인 샤마탕[下馬塘, 만주 안뚱(安東)과 선양(瀋陽) 사이의 지역]까지 갔다. 그런데 거기서 팔로군에게 붙들려 더 이상 만주로 갈 수 없게 되었다. 며칠 동안 무지막지하고 공포스러운 중국사람들의 단속을 거치면서 목적지의 문턱까지 왔지만 그 앞에서 발걸음을 되돌려야 하는 좌절을 겪어야 했다. 그러나 어머니의 용기는 꺾이지 않아서 다시금 경계가 삼엄한 38선을 넘어 남하할 결심을 하셨다. 마침 아버지가 만주에서 국경선을 타고 서울 신설동에 오셨다는 불확실한 정보를 들었기 때문에 1948년 7월 초, 서른여섯의 어머니는 태어난 지 100일을 갓 넘긴 아기와 12세, 9세, 4세의 네 딸들을 데리고 혼자서 그 무시무시한 남하의 길에 나서

섰다. 그 당시 38선을 몰래 건너는 일은 목숨을 걸고 행하는 위험한 일이었다. 경계망을 피해 사람들은 달이 뜨지 않는 그믐밤을 이용해서 산을 넘고 물을 건너 이남 땅으로 오는 도중에 총에 맞아 죽거나, 우는 아기의 입 속에 솜을 넣고 와서 보면 아기는 이미 질식해서 죽어 있더라는 흉흉한 소문이 말할 수 없이 많았다.

모든 사람들이 어머니의 남하를 극구 말렸음은 물론이다. 그러나 어머니는 7월 어느 그믐밤에 딸들을 데리고 38선 접경지대까지 왔다. 허름한 집에서 우리의 야반도주를 도와줄 안내원을 조마조마하게 기다리는 바로 그 순간에 안내원 대신에 내무서원에게 붙들려 우리는 해주의 유치장에 갇히는 신세가 되었다. 다시 한 번 어머니는 큰 좌절감에 빠질 수밖에 없었다. 극심한 불안과 공포로 어머니의 마음속은 검게 타들어갔겠지만 어머니는 끊임없이 기도했고 〈주 안에 있는 나에게 딴 근심 있으랴〉(찬송가 370장)을 계속 불렀다.

주 안에 있는 나에게 딴 근심 있으랴
십자가 밑에 나아가 내 짐을 풀었네
주님을 찬송하면서 할렐루야 할렐루야
내 앞길 멀고 험해도 나 주님만 따라가리
(찬송가 370장 1절)

절망과 비애로 가득한 현실 앞에서 하나님을 믿는 어머니의 태도는 의연한 품위가 있었고 찬송과 기도는 힘이 있으면서도 간절했다. 겁에 질려 있는 우리들의 눈에는 이런 어머니가 우리를 지켜주는 장군처럼 믿음직스럽고 자랑스러웠다.

해주 유치장에서 암울하게 일주일쯤을 지내고 난 어느 날, 뜻밖에도 우리에게 대낮에 38선을 걸어서 넘어가라는 명령이 내려졌다. 그 위험한 38선을 대낮에 걸어서 넘어올 수 있는 특혜는 아무도 상상할 수 없는 최대의 축복이었다. 어머니는 어린 딸 넷을 데리고 하루종일 걷고 또 걸어서 그 무시무시한 38선을 넘어 1948년 7월 18일 자유의 땅 이남으로 안전하게 도착했고 거기서 정말 기적적으로 아버지를 만났다. 이것으로 3년여에 걸쳤던 어머니의 잔혹한 오디세이는 드라마틱한 해피엔딩으로 막을 내렸다.

후에 어머니는 막막한 실패로 끝났다고 여겨졌던 만주행과 유치장에 억류되었던 일들이 사실은 우리가 대낮에 38선을 건널 수 있도록 해주기 위해 하나님께서 예비해 주신 은총이었으며 어머니의 간절한 기도에 대한 하나님의 응답이었다고 말씀하셨다.

우리 딸들은 하나님의 은총과 사랑을 믿으며 기도와 찬송으로 '하나님의 딸'로 사셨던 어머니의 신앙생활을 신앙의 기초로 삼고 살아가려고 항상 노력하고 있다.

3. "저 높은 곳을 향하여 날마다 나아갑니다"
─아버지의 신앙─

일생을 교사로 지내셨던 우리 아버지 이인수 선생님(1911~1990)은 나에게는 스승이요, 동료요, 지지자요, 상담자이셨고 내가 성숙한 삶을 살 수 있도록 나를 이끌어 주신 내 삶과 신앙의 영원한 멘토이시다. 아버지는 내가 이화여고 학생이었을 때는 나의 국어 선생님이셨고, 대학을 졸업한 뒤 이화여중 교사로 있었을 때는 나의 동료이셨다. 아버지는 나를 미국유학의 길에 오를 수 있도록 각성시켜 주신 분이고 공부를 잘 끝마칠 수 있도록 격려해 주신 지지자요, 상담자이셨다. 귀국한 이후로 나는 아버지에게서 받은 교육과 사랑을 본받아 최선을 다해서 정진(精進)하기 위해 노력하고 있다. 아버지의 일생은 성실, 최선, 정진, 사랑, 열정으로 일관되었고 그 근본에는 하나님을 경외하는 생태적인 신앙심이 있었다고 믿는다.

1929년 평북공립사범학교를 졸업한 아버지는 1976년 정년퇴임하실 때까지 평북선천보통학교, 만주 봉천의 서탑학교, 인천의 인천중학교, 서울의 이화여고 등에서 줄곧 학생들을 가르치셨다. 아버지는 담당 교과목을 철저히 준비하셔서 강의하시는 훌륭한 교사이셨고 학생들 개개인의 인성지도와 생활지도에 전념하는 존경받는 교사, 학생들이 잊지 못하는 스승이셨다.

1970년대 중반, 우리가 잠실 아파트에 살고 있을 때, 만주 봉천의 보통학교 제자들이 환갑이 넘은 나이에 40년 전의 선생님에게 세배를 드리며 즐거워하던 모습이 생각난다. 해방과 6·25를 전후해서 인천중학교에 다니면서 아버지에게 가르침을 받았던 학생들은 지금 미수(米壽)를 바라보는 나이인데도『志學과 耳順』이라는 월간지를 60여 년간 계속 발행하면서 15세 때 스승님의 가르침을 되뇌이고 있다('志學'과 '耳順'은『논어』에 나오는 "十五而志于學, 六十而耳順"에서 따온 제목으로, 15세에 만나서 60까지 이어오는 우정을 말한다). 1954년에서 1975년까지의 시기에 이화여고에 다녔던 이화졸업생들은 그 당시 국어선생님이 들려주셨던 귀한 말씀과 정직하고 성실한 열정과 사랑을 못 잊어 하면서 이인수 선생님이 자기를 제일 사랑하셨던 학생이라고 저마다 자랑하고 있다.

우리 아버지는 항상 인자한 언어로 학생을 칭찬하고 격려하기에 넉넉한 교사였지만 커다란 잘못을 저지르거나 경우에 어긋나는 일을 보면 무섭게 책망을 하는 엄격한 교사이셨고 불의를 보면 그대로 넘기지 못하는 정의감과 용기가 있는 선량한 시민이셨다.

아버지는 진정한 의미의 여성교육자이기도 하다. '여성이 깨어야 민족이 산다.'는 것이 아버지의 여성교육 철학이었다. 집에서나 학교에서나 아버지는 여성이 부드러우면서도 강한 품성과 우아한 몸가짐, 겸손한 말씨를 익히도록 지도하셨고 항상 최선을 다해 정진하는 태도를 독려하셨다. 우리 딸들이 조금이라도 잘한 일이 있으면 진정으로 기뻐해 주셨고 우리에게 기념이

될 만한 일이 있을 때마다 정성껏 편지를 써서 축하해 주셨다. 아버지는 어머니에게 "사랑하는 경패 보시오."라고 어머니 이름을 직접 부르는 편지를 쓰시고 좋은 시와 음악을 즐기시는 로맨티시스트였다.

아버지는 어머니처럼 신앙생활에 적극적이지는 않으셨으나 성경말씀을 자주 읽으셨고 찬송가 부르시기를 좋아하셨다. 아버지가 특히 좋아한 찬송가는 〈저 높은 곳을 향하여 날마다 나아갑니다〉(찬송가 491장)였다.

> 저 높은 곳을 향하여 날마다 나아갑니다
> 내 뜻과 정성 모아서 날마다 기도합니다
> 내 주여 내 맘 붙드사 그곳에 있게 하소서
> 그곳은 빛과 사랑이 언제나 넘치옵니다
>
> (찬송가 491장 1절)

아버지의 생활목표가 '저 높은 곳을 향하여' '목표는 높이 하늘에 걸고 발은 대지를 밟으며 한걸음 한걸음 정진'하는 것이었으므로 이 찬송가를 특히 좋아하셨던 것 같다.

아버지는 하나님을 경외하면서 하나님께서 허락하신 인간 본연의 좋은 품성을 손상하지 않고 그대로 지키시기 위해 부단히 노력하셨던 생태적인 신앙인이셨다.

나는 아버지를 내 삶과 신앙의 영원한 멘토로 모시고 존경하면서 살아가고 있다.

4. "사철에 봄바람 불어 잇고 하나님 아버지 모셨으니"
-우리 가정의 신앙-

남아선호사상(男兒選好思想)이 압도적이었던 시절에 우리 부모님은 딸만 여섯을 낳아 기르셨다. 그러나 시대적인 관념과는 관계없이 우리 부모님의 딸들에 대한 극진한 사랑과 기대는 거의 종교의식에 가까웠다고 생각한다. 교육자이셨던 아버지는 늘 "'내 여섯 딸들을 보람 있게 키워야겠다.'는 나의 소망은 얕은 자만심에서가 아니라, 인간사회를 위해서, 인류를 위해서 봉사하는 내 딸들이기를 바라는 염원에서 비롯된 것이다."라는 말씀을 하시면서 큰 꿈을 가지고 인류를 위해 봉사하는 여성이 되라고 격려해 주셨다. 자존심이 은근히 대단하셨던 어머니는 "우리 여섯 딸들은 남의 집 열 아들이 부럽지 않다."고 호언장담하시면서 우리들이 예수 잘 믿고 서로 우애있게 잘 살기 바라는 기도를 일상호흡처럼 끊임없이 하셨고 찬송가 559장을 좋아하셨다.

우리집 마당, 2017

내 삶의 기둥·둘 신앙

사철에 봄바람 불어 잇고 하나님 아버지 모셨으니

믿음의 반석도 든든하다 우리 집 즐거운 동산이라

고마워라 임마누엘 예수만 섬기는 우리 집

고마워라 임마누엘 복되고 즐거운 하루하루

(찬송가 559장 1절)

어머니는 이 찬송가가 우리 가정을 상징한다고 믿고 즐겨 부르셨다. 부모님의 딸들에 대한 이런 극진한 사랑과 기도와 자부심이 오늘의 우리를 있게 한 근본임을 깨달으며 여섯 명의 우리 이씨 자매(李氏姉妹)들은 어느 틈에 모두 환갑을 넘긴 노년기에 접어들었다.

우리 여섯 자매에게는 의미 있다고 느껴지는 몇 가지 특징들이 있다.

첫째, 3년 터울로 태어난 우리들 여섯 사이에는 21년이라는 나이 차이가 있고 띠동갑들이 많다. 금년에 81세가 되는 첫째와 넷째는 쥐띠동갑, 78세가 되는 둘째와 다섯째는 토끼띠 동갑, 72세가 되는 셋째와 여섯째는 닭띠 동갑들이다. 우리들은 모두 결혼을 했는데 남편들의 성(姓)이 韓, 吳, 金, 石, 張, 宋으로 다 다르다. 부모님은 사위들을 아들처럼 사랑하셨고 어머니는 사위들 중에 누구라도 장로님이 되길 원하셨으나 그 뜻은 아직 이루어지지 않고 있다.

둘째, 우리 여섯 자매는 '두 언니와 네 동생'이라는 두 조(組)로 나뉜다. 첫째와 둘째는 3년, 둘째와 셋째는 6년, 셋째 이후 다섯째는 3년씩, 다섯째와 여섯째는 6년의 나이 차이. 그래서 두 언니가 대학생이었을 때 막내는 애기, 다섯째 넷째는 초등학생, 셋째는 중학생이었으므로 세대 차이가 컸다. 더구나 해방 전에 태어나 국가적인 변동의 어려웠던 시간을 부모님과 함께 겪었던 위의 두 딸들을 부모님은 어른으로 대해 주셨기에 자연스럽게 두 언니와 네 동생들로 조를 이루고 구별이 되었다. 그러나 별로 다투지 않으면서 자랐다. 언니들은 동생들에게 잔소리나 간섭을 하지 않았고 동생들은 언니들에게 어리광을 부리거나 까불지 않으면서 무례한 언행이 없었다. 성격이 다르고 생김새도 달랐으나 화이부동(和而不同)의 분위기에서 서로 인정하고 존경하면서 모두 독립적인 성인이 되었다. 어머니의 신앙심을 본받아 교회 생활에 열심이고 건강한 신앙을 끝없이 연마하고 있는 네 동생들을 두 언니는 늘 부러워하고 있다.

셋째, 우리들의 우애는 특별하다. 두 딸은 미국에, 네 딸은 서울에 살고 있어서 물리적으로 여섯 딸들이 자주 만나지는 못하는 형편이다. 1981년 부모님 금혼식 때, 1990년 아버지 장례 때, 2008년 어머니 장례 때, 2016년 큰 언니의 80회 생일에 오래간만에 모두 모여서 함께 예배를 드리면서 시공(時空)을 초월한 우애를 나눌 수 있었다. 어렸을 때는 여섯이라는 숫자나 나이 차이가 상당히 많다고 느꼈는데 이제는 그렇게 느끼지 않는다. 세월이 흐르면서 서로가 주고받는 사랑과 관심이 깊어지고 이는 다양한 통신수단을 이용해서 그 강도가 점점 더 친밀해지고 있다. 2009년부터 3년여 동안 우리들은 각각 일주일의 하루를 맡아서 이메일로 소식을 전했다. 여섯 명의 일상의 목소리가 아름다운 화음을 이룬다는 뜻에서 'Chorus'라는 제목으로 파일을 만들고 프린트해서 나누어 가졌는데 그 기록은 언제나 큰 기쁨을 주는 추억의 보고(寶庫)이다. 지금은 스마트폰에 Lee Sisters라는 카톡방을 만들어 수시로 소식을 전하면서 지낸다.

우리들은 좋은 부모님에게서 태어나 좋은 형제들과 함께 성장해 오고 있음에 감사드리며 이것은 하나님께서 허락하시는 크신 은총임을 굳게 믿고 늘 깊이 감사하고 있다.

5. "참 아름다워라 주님의 세계는"
 -이화여고의 기독교 교육-

만주 봉천에서 태어나 8 · 15 해방을 맞아 평안북도 남시에서 잠시 살다가 38선을 넘어 이남에 와서는 6 · 25와 1 · 4 후퇴를 겪으면서 이리저리 피난 생활을 하고 나서 서울에 정착해 살고 있는 나에게 '고향'이라고 부를 수 있는 특별한 지역은 없다. 그러나 1953년 한국전쟁이 휴전되고 전쟁의 상흔이 가시지 않았던 서울 한복판 정동에 자리잡은 이화여자고등학교를 다니는

마음의 꽃밭, 2017

동안 나의 기본적인 성품과 신앙심의 기초가 다져졌다고 믿기 때문에 나는 이화를 나의 마음의 고향이라고 생각하고 있다.

이화여자고등학교는 1885년 미국북감리회 해외선교회 후원으로 메리 스크랜턴(Mary Scranton) 여사가 한국에 선교사로 부임하여 이듬해인 1886년 5월에 단 한 명의 학생을 대상으로 자신의 집에서 시작한 학교이다. 당시 52세였던 스크랜턴 선교사는 서울 성벽 주위에 버려진 어린 여자아이들과 가난하고 소외된 여인들을 데려다 교육시키면서 한국인을 보다 나은 한국인이 되게 하고, 한국적인 것에 긍지를 갖게 하며 그리스도와 그의 교훈을 통하여 완전한 한국인이 될 것을 희망했다고 한다. 이런 놀라운 기독교 교육의 실시를 계기로 이 땅에 예수 그리스도의 복음이 전해지고, 제 이름조차 지니지 못하고 학대 받으며 살던 여성들이 폐쇄된 사회 속에서 해방될 수 있었다. 이것이 곧 스크랜턴 선교사를 통해서 보여 주신 하나님의 크신 사랑의 은총이었다고 믿는다.

이화학교의 교훈은 자유 · 사랑 · 평화이다. 이화학교는 기독교 정신에 기초한 전인적인 인간을 기르며 인간의 존엄성과 공동체 의식을 함양하고 사랑과 봉사정신과 감사하는 생활태도를 실천하며 미래사회를 선도할 능력 있는 여성 지도자를 양성하는 것을 교육목표로 한다. 이화학교는 밝고 긍정적이며 적극적인 품성을 갖추고 다양한 교육 프로그램을 통해 개성 · 소질 · 능력계발 · 정직 · 자율 · 책임을 중요시하는 민주시민을 양성하고 있다. 이화학교는 우리나라에서 가장 역사가 긴 여성교육기관이다(1968년 중학교 무시험제도가 실시되면서 이화여중이 없어졌기 때문에 이화학교라고 썼다).

내가 이화여자고등학교 재학생이던 시절 신봉조 교장선생님을 비롯한 모든 교사들은 학생들을 독립된 성숙한 인격으로 대해 주셨으므로 학생들은 학교 교훈인 자유·사랑·평화에 합당한 학교생활을 누릴 수 있었다. 매주 월요일 조회시간을 비롯한 모든 행사를 찬송과 기도로 시작했다. 그럴 때마다 가장 많이 불렀던 찬송가는 478장이었다.

참 아름다워라 주님의 세계는 저 솔로몬의 옷보다 더 고운 백합화
주 찬송하는 듯 저 맑은 새 소리 내 아버지의 지으신 그 솜씨 크도다

(찬송가 478장 1절)

일주일에 한 시간씩 성경을 배웠고 학기마다 심령부흥회 기간을 두고 특별 강사님을 모셔서 설교말씀을 들었다. 정동교회 장로님이셨던 교장선생님은 스크랜턴 선교사의 희생과 헌신을 요한복음 12장 24절 "한 알의 밀이 땅에 떨어져 죽지 아니하면 한 알 그대로 있고 죽으면 많은 열매를 맺느니라."를 인용하여 칭송하셨고, "여성의 명예와 품위와 교양을 귀히 여기며 깊은 신앙심을 가지고 생활하도록 노력하라."고 우리들을 가르치셨다.

우리 가족은 이화와 특별한 관계가 있다. 아버지께서 23년간 이화여고 교

사로 봉직하셨고 우리들 여섯 자매가 모두 이화여고를 졸업했는데 이런 경우는 전무후무한 특별 사례라고 많은 사람들이 이야기한다. 나는 미국유학을 가기 전 3년 동안 이화여중에서 국어교사를 했고 그 후에 1994년부터 6년간 이화여자고등학교 총동창회장으로 있으면서 기독교 교육을 받은 이화 졸업생들의 모교에 대한 사랑과 사회에 대한 책임, 그리고 이웃사랑이 얼마나 극진한가 등을 실지로 보면서 이 모든 덕목이 기독교 신앙에 기초하고 있음을 절감했다. 그 후 이화학원 재단이사로 7년간 활동하면서 중등학교에서의 종교교육의 중요성을 더욱 깊이 인식하게 되었으나 그렇지 못한 오늘날의 우리 교육 현실이 안타까웠다.

이화가 창립된 아름다운 5월에 이화가 나에게 베풀어 준 다양한 경험이 지금의 나 됨과 내 신앙심의 튼튼한 기초가 되고 있음에 깊은 감사를 드린다.

6. "나 이제 주님의 새 생명 얻은 몸 옛것은 지나고 새 사람이로다"
–내 신앙생활의 뿌리, 동안교회–

동안교회는 언제나 나의 믿음을 지켜주고 키워주고 있는 내 신앙생활의 영원한 고향이다.

일요일 아침마다 '우리의 사명: 삶의 현장을 하나님 나라로' '우리의 비전: 치유와 회복이 있는 교회, 성장이 있는 교회, 아름다운 유산을 남기는 교회'라는 표어를 보면서 나는 내가 이런 사명과 비전을 가진 동안교회 교인인 것이 자랑스럽다. 그리고 창립 59주년을 맞는 동안교회의 역사 속에 내가 속해 있음에 감사하고 교회가 이토록 크게 성장해 올 수 있게 베풀어 주신 하나님의 은총에 깊이 감사한다. 또한 그 긴 세월 속에 뿌려진 현재와 과거의 담임 목사님들과 교회 당직자와 여러 평신도들의 기도와 헌신이 얼마나 지대했을까를 생각하면서 그 모든 분들에게 사랑과 존경을 보낸다.

우리 어머니 이경패 권사님은 1958년 동안교회가 창립될 때 창립교인 중의 한 분이셨다. 그래서 우리 가족은 자연스럽게 동안교회에 교적을 두게 되었다. 초창기 개척교회였던 동안교회 교인들, 특별히 우리 어머니와 친하셨던 이북 출신의 권사님들의 교회사랑은 극진했다. 주일 낮예배와 저녁예배는 물론이고 새벽기도, 부흥회, 수요예배에 빠지지 않으셨고 기도와 찬송을 쉬지 않으셨다. 1966년 2대 담임목사로 부임하신 송치헌 목사님을 중심으로 교회는 교인들의 신앙공동체로 더욱 견고하게 자리잡아 가면서 성장했다. 외형적으로 교회 건물이나 규모는 크지 않았으나 교인들의 신앙생활은 열정적이고 활발했다. 일반 교인들을 위한 교회성경대학에서는 소정의 과정을 마치면 졸업식을 거행했고 권사 할머님들이 학사모와 학사가운을 입고 만족한 얼굴로 목사님과 대학 졸업 사진을 찍었다. 청소년을 대상으로 거행하는 영어성경 암송대회, 가족대항 찬송가 경연대회 등 모든 교인이 참여하는 행사들을 많이 하면서 신앙공동체의 유대는 단단해졌다.

한복을 즐겨 입으셨던 송치헌 목사님은 교회를 생활의 터전으로 하여 교인들을 직계가족처럼 대해 주셨고 특히 찬송가 436장을 좋아하셔서 몇 주일씩 계속해서 예배찬송으로 선택하셨다.

나 이제 주님의 새 생명 얻은 몸 옛것은 지나고 새 사람이로다
그 생명 내 맘에 강같이 흐르고 그 사랑 내게서 해같이 빛난다
영생을 누리며 주 안에 살리라 오늘도 내일도 주 함께 살리라
(찬송가 436장 1절)

흰 두루마기를 입으신 송 목사님께서 흰 손수건을 휘두르며 군가처럼 힘차게 노래하시는 모습은 감동적이었다.

그로부터 50여 년이 흐른 지금 동안교회는 양적으로나 질적으로 너무나 크게 발전하였다. 교회건물로 부족함이 없을 정도로 잘 설계된 본당과 부속 건물들, 그리고 내부에 갖추어진 장비와 주일 주보를 가득 채운 갖가지 교회 행사들을 보면 도대체 김형준 담임 목사님을 위시한 교회의 당직자들은 어떻게 이런 일들을 다 수행하시는가 감탄스럽고 그 여러 행사에 적극적으로 참여하는 동안교회 교인들의 열정적인 신앙생활이 존경스럽다. 수시

로 개최되는 새벽기도, 특히 교회 건축을 위해서 70일간 계속되었던 특별새벽기도에는 1400명이 개근을 하였다니 도대체 그 큰 힘은 어디서 나왔을까 놀랍기도 하고 감동스럽다. 그 밖에도 국내외에 두루 펼치는 선교사업과 복지사업, 활동들이 인정되어 우리 동안교회는 기독교윤리실천운동에서 제정한 2014년 참좋은 교회상을 수상했다. 근래에 남양주 동안교회와 별내 동안교회 입당예배에 참석하면서 나는 동안교회의 사명과 비전을 실천하기 위해 헌신하는 목사님들과 교직자들의 기도가 현실화되고 있음을 느낀다. 내 신앙생활의 뿌리 동안교회에서 나는 이 신앙을 더욱 잘 키워가기 위해 노력하고 있다.

7. "성자의 귀한 몸 날 위하여 버리신 그 사랑 고마워라"
─일본 성지순례─

2017년 4월 11일부터 14일까지 동생들과 함께 다녀온 3박 4일의 나가사키 성지순례는 뜻깊은 여행이었다. 일본에 대해서 관심을 갖는다는 것조차도 매국하는 일로 여겨지던 시절에 학교를 다녔던 내게 '일본은 가깝고도 먼 나라'로 여기는 것이 관습처럼 되어 있었다. 때문에 일본의 기독교 선교 및 순교에 대해서는 아는 것이 없었는데, 이번에 둘러본 나가사키(長崎)와 고토

(五島)에는 일본 기독교인들의 순교를 기념하는 수없이 많은 교회와 기념비와 유물들이 보존되어 있음을 보고 깊은 감동을 받았다. 큰 도시 나가사키에는 수십 개의 역사적인 기독교 순교 기념관과 교회들이 있었고, 고토 열도의 작은 섬에는 작은 교회들이 있었다. 크고 작은 교회들이 수백년간 지켜낸 간절하고도 강한 신앙심의 향기가 꽃처럼 뿜어나고 있었다. 지리도 지명도 낯설어서 일일이 기억할 수는 없지만 모든 교회와 유적지들이 정갈하고 성스럽고 소박했고 경건했다.

일본의 기독교는 1549년 스페인 신부 프란치스코 자비에르가 가고시마에 상륙하여 히라도에서 포교를 개시했고, 1587년 도요토미 히데요시가 선교사 추방령을 내려서 기독교 박해가 시작되었으며, 1592년에 나가사키에서 최초로 26인의 기리시탄(막부시대 일본의 크리스천, 즉 기독교 신자들을 일컫는 말)이 순교를 당했다. 개항의 도시 나가사키 현(顯)을 중심으로 일본의 기독교 탄압의 잔인한 형태와 내용들이 기념교회와 기념관, 기념비로 보존되어 있어서 나가사키 교회군(群)들이 기독교인들에게는 성지순례로 많이 알려져 있다.

이번 여행에서 특히 잊혀지지 않는 것은 나가사키 시내의 니시자카(西坂) 공원에 세워진 26인 성인 기념비와 그 26인의 성인 속에 끼어 있는 3소년 순교자들의 동상이다.

26인의 성인 기념비는 나가사키의 순교자의 언덕으로 불리는 니시자카

인간의 삶에서는 어떠한 일이든지
언제든지 어디에서든지 일어날수 있다
그중에서 최종적으로 가장 확실하게
일어나는 것이 죽음이다

누구나 빈손으로 죽어가야 하고
완벽히 불가능한 존재가 된다

분명히 일어날 일의 때를 모르는 존재로
존재하는 인간

그대는 누구인가?

知音
2017

공원에 있다. 낮고 가파른 산을 깎아 만든 평탄하고 넓은 공터와 산 사이에 거대한 십자가가 새겨져 있고 그 안쪽에 26명의 사람들이 떠 있다. 나가사키 순교의 상징이 된 26인 순교 조각상은 '승천의 기쁨'을 주제로 만들어진 것이어서 '신께 마음을 드린다.'는 문장이 승천의 순간 속에 정지한 그들의 머리 위에 쓰여 있다. 이들은 1592년 2월 25일 9시에 이곳에서 처형당한 일본 최초의 순교자들이다. 6명의 외국인 선교사와 20명의 일본인 기리시탄들이 33일 동안 630km를 걸어 죽음이 기다리는 이곳에 왔다. 63세의 노인에서부터 12세의 어린이까지, 무사, 상인, 승려, 의사, 요리사 등 국적도 나이도 직업도, 강한 자와 약한 자도 구분하지 않고 그들은 출발 후 하루도 쉬지 못하고 한순간도 죽음의 공포에서 벗어나지 못한 채 처형지인 나가사키에 수요일에 도착했다. 예수님처럼 금요일에 처형해 달라고 했으나 그마저 거절당했고 소년들은 "내 십자가는 어디에 있습니까?" 기도하며 죽음을 기꺼이 받아들였고 순교자들은 십자가에 매달려서도 일본 땅에 신앙을 허락할 것을 도요토미에게 부탁했다고 한다. 이 기념비가 나에게 큰 감동을 주는 이유는 피흘리고 처절한 모습으로 죽어갔을 그 순교자들의 모습을 이토록 깨끗하고, 기품 있고, 우아하고, 질서정연하고, 경건하고, 엄격하고, 숭고하게 그려낸 기독교인들의 정신에서 비롯되었다.

근처에 있는 나카마치(中町) 교회에는 26인의 성인들 사이에 끼인 3명의 소년들이 십자가를 들고 있는 동상이 있다. 그들의 앳된 얼굴에 흐르는 순수하고 경건한 표정이 가슴 아팠고 순교자에게 가해졌던 극악무도한 형벌을 상상하는 것만으로도 소름이 끼쳤다.

기독교는 순교자들의 피를 먹고 자라는 종교이며 그들의 순교로 우리는 지금 얼마나 편안하게 신앙생활을 하고 있나를 생각하면서, 나는 깊은 감사와 부끄러움을 동시에 느끼면서 찬송가 216장을 입 속으로 불렀다.

성자의 귀한 몸 날 위하여 버리신 그 사랑 고마워라
내 머리 숙여서 주님께 비는 말 나 무엇 주님께 바치리까

(찬송가 216장 1절)

8. "내 영혼이 은총 입어 중한 죄짐 벗고 보니"
─남편과 함께 느낀 살아계신 성령─

벌써 7년이라는 세월이 흘렀지만 나는 2011년 8월 26일 오후에 내가 직접 체험했던 살아계신 하나님의 은총을 생생히 기억하면서 늘 감사하고 있다. 그 날 오전에 남편은 혈압과 혈당수치가 갑자기 비정상으로 올라가는 바람에 급히 신촌 세브란스 병원에 입원을 했다. 곧바로 필요한 응급처치를 마치고 나자 그는 피곤한 듯 잠이 들었다. 나는 그가 다시 안정을 찾은 것이 감

사해서 기도를 드리려고 성경책이 들어 있는 내 가방을 찾았으나 너무나 황급하게 달려오느라고 가방도 들고 오지 못했음을 깨닫고 잠시 황망했다. 그런데 바로 그 순간 노크소리가 나서 문을 열었더니 신촌 세브란스 원내 교목실 담당 목사님이 성경책을 들고 서 계셨다. 그 순간의 신비스러운 놀람은 엄청났고 그 파장은 길었다. 그 자리에서 나는 내게 진정으로 필요한 것을 직접 나에게 전달하시는 하나님의 특별한 은총을 깊이 체험했다.

> 내 영혼이 은총 입어 중한 죄짐 벗고 보니
> 슬픔 많은 이 세상도 천국으로 화하도다
> 할렐루야 찬양하세 내 모든 죄 사함 받고
> 주 예수와 동행하니 그 어디나 하늘나라
>
> (찬송가 438장 1절)

바람 부는 들판에 홀로 서서 광풍을 마주하고 있는 것 같이 두렵고 쓸쓸했던 내 마음에 하나님께서 부드럽고 따뜻한 바람막이가 되셔서 나를 에워싸고 있는 듯한 평안함과 남편과 내가 하나님의 절대적인 보호를 받고 있다는 안도감에 휩싸이는 것을 느꼈다. 그날의 신비한 체험 이후에 나와 남편의 마음과 생각이 온화해지고 평화로워져서 그와 함께했던 투병생활이 덜 고통스러웠던 것 같다. 나는 이 모든 변화가 하나님의 크신 은총이라고 믿고

봄비 내리는 오후
그리운 그가
한마리 새가되어
내게로 왔네

知音, 2016. 4

내 삶의 기둥·둘 신앙

깊이 감사하고 있다.

　그 후 남편의 건강은 좋아졌다 나빠졌다를 반복하다가 그로부터 6개월쯤 후인 2012년 2월 6일 그는 이 세상을 떠났다. 그 6개월 동안 남편은 생명을 재촉하는 병마와 싸우느라고 거의 밤잠을 못 자고 괴로워했으나 지금 생각하면 그 기간이 우리 부부에게는 축복의 시간이었던 것 같다. 우리는 중년의 나이에 각자가 완전히 독립된 전문인의 신분으로 만나 결혼을 하고 31년간을 살아온 부부였으므로 서로를 향한 사랑과 신뢰와 존경을 표현하기가 쑥스러워서 덤덤히 살아오고 있었다. 그런데 그의 투병생활 중에 우리는 마치 신혼부부처럼 서로의 마음을 진술하게 여러 차례 고백했다. 그는 경제적으로 거의 제로인 상태에서 시작한 결혼생활이 우리의 노력으로 이렇게 넉넉하게 성장할 수 있었음에 항상 내게 고맙다고 했다. 또한 기업의 이익을 사회에 환원한다는 노블리스 오블리제 정신으로 아내인 내가 나의 전공분야를 살릴 수 있도록 한국상담대학원대학교를 설립했다고 말했다. 그 말을 들으면서 나는 이 학교의 주인은 하나님이셔야 한다고 뇌리에 새겼다. 나는 그에게 지난 31년간 그가 나에게 어떤 사람이었는지를 이야기하면서 감사했다. 그는 세심한 배려를 해 주는 좋은 남편이었고 단세포적으로 사물을 인식하는 나에게 세상을 다각적으로 볼 수 있는 안목을 키워 주려고 노력한 인생의 선배였으며, 사회를 위해서 어떤 공헌을 할까를 함께 의논할 수 있었던 동료였다. 이런 이야기를 주고받으면서 우리는 우리가 부부로 살고 있음에 감사했고 이런 이야기를 나누는 시간이 우리에게는 또 다른 밀월여행이라고 느꼈다. 그 기간 중에 그가 특별히 나에게 해주었던 세 마디의 말을 나는 마음에 고이 간직하고 있다. 내가 학교 운영에 대해 근심하고 있던 어느 날 그는 "당신만큼 학교를 잘 운영할 사람은 없어요."라고 나를 격려해 주었고, 또 어느 날에는 "교수는 당신처럼 진심으로 학생을 사랑하고 격려하는 사람이 해야 해요."라며 나를 칭찬해 주었다. 또 다른 날에는 "예수는 당신처럼 믿어야 돼. 위선하지 않고, 정직하게 하나님께 늘 기도하면서 사는 생활이 곧 신앙이니까."라고 나의 신앙심을 인정해 주었다. 지금 이 글을 쓰면서 그가 남긴 이 뜻깊은 말들을 되새기는 나의 마음이 몹시 아프다. 그가 떠나고 난 후 지난 6년 동안 그는 내 마음이 가는 곳 어디에나 있으면서도 내 눈길이 가는 곳 아무 데에서도 보이지 않는다. 그의 現存과 不在를 아파하면서 나는 단 하루도 그의 생각을 안 한 날이 없고 지금 이 나이에 내가 좋아하는 일을 마음 놓고 끝없이 사랑하면서 열정적으로 할 수 있도록 여건을 마련해 준 그의 배려와 사랑에 감사하지 않은 날이 없다.

이 모든 것을 예비해 주신 하나님의 크신 은총에 감사하면서 나는 우리 부부의 삶의 금자탑인 동시에 하나님이 주인이신 한국상담대학원대학교의 발전을 위해 최선을 다하다가 그가 기다리고 있는 하늘나라에 기쁜 마음으로 들어가 그와 영원히 함께하고 싶다.

바울 서신을 묵상하면서

지난 몇 년간 큐티 성경공부 시간에 바울 서신을 읽으면서 많은 것을 묵상했다. 초대 교회사에 기념비적인 업적을 남기고 초대 기독교를 이끈 뛰어난 지도자 사도 바울의 신앙은 구약성서를 근거로 예수가 왜 그리스도인가를 변증하는 지성적인 탐색에 뿌리를 두고 있다. 바울은 열정적으로 그리스와 로마제국의 주요 도시를 방문하면서 그의 교의를 전하였기에 바울을 통하여 그리스와 로마가 복음화되었고 그 후 그리스, 로마 문명을 토대로 세워진 모든 문명국들이 기독교화하는 기초가 마련되었다.

바울의 선교 여행과 13편에 달하는 그의 이름으로 된 서신서들이 기독교 교리와 역사에 미친 영향이 매우 커서 '예수가 없었다면 바울도 없었겠지만 바울이 없었다면 기독교도 없었을 것이다.' '바울만큼 그리스도의 사실을 깊은 의미로 가르친 사람은 없다.'라는 칭송을 듣는다.

바울은 지금의 터키 남쪽 길리기아 주 다소의 디아스포라 유대인 가정에서 기원후 5년 즈음에 태어났으며 로마제국의 시민권이 있었다고 추측하고 있다. 바울은 그리스어를 일상적으로 사용하며 자랐고 일찍부터 바리새파의 엄한 율법 교육을 받았다. 예루살렘으로 나와서는 당대 최고의 석학인 가말리엘에게서 배웠다.

바울은 처음에 자신의 종교에 대한 자부심과 극단적인 열심을 가지고 유대 율법의 형식에서 벗어난 기독교를 심하게 방해하였다. 그러나 AD 34~36년경 다메섹 도상에서 부활하신 그리스도를 만나 회개하고 30여 년 동안 온갖 고난과 희생을 무릅쓰고 그리스도의 충성된 일군으로서 복음의 세계화에 헌신하였다. 신앙성경에 수록된 13편의 바울 서신에는 신자의 바른 믿음(신학)과 바른 삶(윤리)에 관한 심오하고도 구체적인 내용이 담겨 있다. 예수를 만나 새 사람이 된 후 "내가 달려갈 길과 주 예수께 받은 사명 곧 하나님의 은혜의 복음을 증언하는 일을 마치려 함에는 나의 생명조차 조금도 귀한 것으로 여기지 아니 하노라"라고 만족한 감사와 위대한 믿음의 고백을 하면서 외길을 달리다가 AD 67~68년경에 로마 옥중에서 순교하였다.

1. 바울 서신의 연대와 장소

성경에 등장하는 인물 중 가장 교양이 넘치는 지식인인 바울의 서신을 읽으면서 그의 생애와 그리스도교를 지배하는 철학적 · 신학적 기초가 되고 있는 그가 쓴 서신을 따로 묵상하고 싶은 생각을 많이 하였다. 바울의 사상이 워낙 방대하고 깊기 때문에 나 같은 일반 신자는 그를 논할 자격이 없는지도 모른다. 그러나 나는 그의 귀족적인 삶(요샛말로 금수저 태생의 배경)이 다메섹 도상에서 예수를 만난 너무나도 큰 충격적 사건 이후에 변화된 모습에 대해서 알고 싶었다. '그리스도가 내 안에, 내가 그리스도 안에'라는 신념대로 완전히 그리스도 안에 녹아든, '바울다운 삶'을 당당하고 용감하게 살아낸 그의 삶의 원동력은 무엇이었을까. 명쾌한 언어와 단호한 어조로 쓰인 그의 서신들을 읽으면서 그리스도의 사도로서 각 교회마다, 상황마다 적절한 주제를 밝혀서 쓴 내용들이 나의 마음을 어떻게 움직이고 어떤 깨달음을 경험하게 했는지를 정리해 보고자 한다.

　바울은 서기 48년, 그의 1차 여행을 시작했을 때부터 68년 그가 순교할 때까지 20여 년에 걸쳐 서신을 썼다. AD 5년경에 태어난 바울은 30대 초반에 다메섹 도상에서 예수를 만나는 충격적인 사건(AD 32~36년)으로 회개했고, 그로부터 10여 년 후(AD 48년)에 시작한 전도 여행은 그가 순교할 때(AD 68년)까지 계속되었다. 그는 자신이 세운 교회들을 격려하고 경고하며 가르치기 위해 고린도전 · 후서, 갈라디아서, 에베소서, 빌립보서, 데살로니가전 · 후서를 썼고, 자신이 방문하지 못한 교회들(로마서, 골로새서)과 개인들(디모데전 · 후서, 디도서, 빌레몬서)에게도 서신을 보냈다. 13편의 서신에

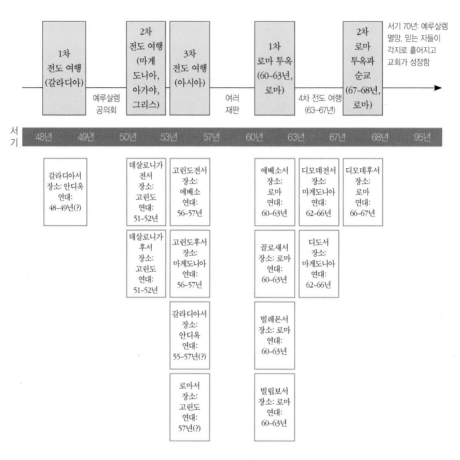

[바울 서신의 연대와 장소]

는 그리스도를 통한 구원과 그리스도인의 올바른 윤리적 삶에 대한 그의 간절한 뜻이 담겨 있다. 바울은 그리스도를 직접 만나지는 못했으나 바울 만큼 그리스도를 깊이 있게 이해하고 의미 있게 가르친 사람은 없을 것이라는 성경학자들은 말한다. 나는 세계복음화를 위하여 바울과 같은 충성되고 능력 있는 사도를 준비하신 하나님의 보이지 않는 손길에 감격한다.

2. 바울 서신의 특징

바울 서신을 읽고 묵상하면 나는 점점 더 사도 바울의 신학과 신앙에 대해서 알고 싶어진다. 현재의 언어로 표현한다면 금수저 태생이었던 바울이 세속적인 권위를 넘어선 진정한 사랑과 지식의 한계를 극복하는 참된 신앙인으로 길고 긴 전도자의 삶을 살 수 있었던 것은 보이지 않는 하나님의 손길이 역사의 배후에서 일하고 계시는 증거라고 믿는다. 바울은 그리스도인을 체포하기 위해 다마스커스로 가던 도중에 부활한 예수의 음성을 직접 듣는 체험을 하였고 이를 통해 예수의 죽음과 부활에 대한 확신을 얻고 그 믿음에 집착했다. 그는 이 믿음을 신도들에게 알리기 위해 명쾌한 언어와 단호한 어조로 그의 신앙을 이루는 심오한 내용을 13편의 서신들로 남겼다. 그의 정교하고 어려운 신학 내용이 담긴 서신을 읽으면서 나의 마음은 깊은 감동에 쌓이고 바울의 역사(役事)를 주관하셨던 하나님의 은총에 깊이 감읍(感泣)하고 있다.

바울은 다메섹 도상에서 부활한 예수의 음성을 들은, 그 단 한 번의 사건으로 그의 사고체제를 180도로 역전시키는 대각(大覺)의 체험을 했다. 아무리 출중한 바울이라 해도 그의 전 사고체제를 극단적으로 바꾸게 되기까지는 극심한 고뇌와 번민의 기간이 있었을 터인데 신약성경에는 그 과정에 대한 언급이 별로 없다. 단지 사도행전 9장 9절에 "사흘동안 그는 보지도 못하고 먹지도 마시지도 아니 하였더라"라고만 기록되어 있다. 나는 그 사흘 동안 바울이 절대적인 암흑과 절대적인 고독 속에서 겪었을 절대적이고 실존적인 자기대면(自己對面)에 대해서 많은 생각을 했다. 그 장면을 상상하면서 그의 신앙적인 기틀이 그 기간 동안에 형성되었을 것이라는 추측을 했다. 그 고뇌 속에서 바울은 그가 이미 자랑으로 가지고 있던 모든 것이 아무것도 아니며 오직 예수의 십자가 죽음과 부활을 믿는 것만이 구원의 길이라는 것을 깊이 깨달았을 것이다. 그것은 율법을 지키는 일을 지상명령으로 알고 있었던 그의 기존의 신념체제를 송두리째 뒤바꾸는 사건이었다. 그보다 더 중요한 것은 바울이 이 진리를 로마에 속한 모든 이방인에게 전도하라고 하나님께서 그에게 하신 명령이라 깨달은 것이다. 바울은 이 사건을 통해 고뇌와 환희를 동시에 느꼈을 것이라고 생각하면서 나는 바울이 예수에게 사로잡힌 바 된 과정을 이해하게 되었고, 하나님의 섭리에 의해서만 이 일은 가능했을 것이라고 확신했다.

　신약성경의 저자들 중에서 바울만이 인간 예수를 만나지 않았다. 그래서 그의 서신에는 예수에 관한 인간적인 이야기는 없다. 바울이 알고 있는 것은 예수는 십자가에 못 박혀 죽었다는 사실과 죽은 예수가 다시 부활했다는 사실 뿐이었다. 그런 바울이 다메섹 도상에서 부활하신 예수의 목소리를 직접 듣는 체험을 했다. 바울의 체험은 인간 자신의 자의적인 힘에 의한 체험이 아니었다. 그와 정반대로 바울의 체험은 부활한 예수가 나타나서 바울을 책망하고 넘어뜨리고 회개케 하는 불가항력인 강권적, 외적인 힘에 의한 체험이었기 때문에 그 의미가 근본적으로 다르다. 바울의 신학과 신앙은 다메섹에서의 그리스도와의 만남에서부터 시작했고 그의 모든 사상은 여기에서부터 발전한다.

　위대한 인간이며 사상가였던 사도 바울 서신을 읽고 묵상하면서 나는 바울 서신에 나타나는 특징적인 내용을 나름대로 다음과 같이 정리해 보았다.

　첫째, 그의 서신은 자기소개서이다.
　　그는 서신마다 첫머리에 자신의 신분을 밝히고 자신이 전달하고자 하는 기독교의 진리를 간결하고도 열정적으로 썼다. 요즘 말로 자소서 형식에 맞는 글이라고 생각한다.
　둘째, 그의 서신에는 예수의 인간적인 이야기는 없다.

부활절 아침, 2017

그는 살아 있는 인간 예수를 만난 적이 없다. 그가 알고 있는 것은 예수는 십자가에 달려 죽었다는 사실과 죽었던 예수가 다시 부활했다는 사실뿐이었다. 그러나 그는 예수의 죽음과 부활에 대한 확실한 이해와 믿음이 우리를 구원한다는 사실을 역설하고 있다. 부활하신 예수 그리스도는 바울 신학과 신앙의 핵심이요, 또한 바울의 신앙을 이해하는 데 가장 중요한 핵심이라고 생각한다.

셋째, 그의 서신의 핵심 주제는 '옛 사람을 버리고 새 사람이 되어라.'로 압축될 수 있다.

그는 인간은 자기의 죄를 십자가에 못 박음(옛 사람을 버리고)으로 인해서만 영의 몸으로 다시 태어난다(새 사람으로 됨)는 진리를 역설하고 있다.

앞으로 나는 바울 서신의 이 특징들을 깊이 묵상하면서 나의 신앙을 키워 가고자 한다.

3. 이방인 전도자 바울에게서 배우다

일개 평신도인 나는 오래전부터 바울에게 매료되어 있었다. 내가 그렇게 된 데에는 하나의 작은 에피소드가 있다. 1975년에 나는 레바논의 베이루트에서 있었던 회의에 참석했다가 시리아의 다마스커스 관광을 잠시 했다. 그때 안내자가 사도행전에 나오는 거리 직가(直街, straight street)를 소개하면서 바울의 회심사건에 대해서 다음과 같이 퍽 인상적인 설명을 해 주었다. '30대의 왕성한 혈기에 가득 찬 바울이 예수를 믿는 도당들을 체포하려고 다마스커스로 오는 도중에 강렬한 빛 때문에 쓰러졌을 때 부활한 예수의 음성을 듣고 눈이 멀게 되었다. 다른 사람의 인도로 직가에 들어간 바울은 사흘 동안 보지도 먹지도 마시지도 못하다가 아나니아의 세례를 받고 완전한 그리스도의 사도로서 변화되어 기독교를 이스라엘 밖으로 전파하고 이를 세계 보편 종교로 성장시키는 토대를 마련했다.' 이런 사실을 관광 안내자에게 듣고 나는 무엇보다도 바울의 다메섹 도상에서의 체험이 궁금했다. 신약성서의 인물 중에서 학식과 교양과 권력이 가장 높았다는 그가 무슨 이유로 그 모든 것을 오물로 여기고 '이방인의 사도'로 일생을 마쳤을까에 대해서도 알고 싶었다. 예수의 직접적인 제자들도 그리스도교 전파에 중요한 역할을 했지만, 예수를 직접 만나지도 가르침도 받지 못한 그가 예수의 행적을 체계적으로 정리하여 기독교의 사상적인 토대를 다졌다는 사실이 나에게 큰 울림을 주었다.

나는 바울의 서신 속에서 인간 전체에 대한 그의 배려와 사랑으로 가득 찬 그의 인품을 배운다. 특히 지나간 자신의 허물을 용감하게 인정하고 다른 사람으로부터 받았던 억울하고도 수치스러운 학대까지도 솔직하고 과감하게 공개하면서 역성이라도 받고 싶어 하는 듯한 어린애같이 솔직한 그의 성품에 매력을 느낀다. 전도자로서의 바울에게서는 자신의 기독교에 대한 확고한 신념을 전세계에 전파하고 설득하고자 하는 강렬한 열정과 그가 하는 모든 일들은 하나님의 은총 안에서 이루어지고 있음을 진지하게 감사하면서 고백하는 숭고한 신앙심을 배운다.

바울 서신을 읽으면서 나는 그의 열정과 그 열정을 뒷받침하는 지성(知性)과 모든 사람에 대한 정직한 지성(至誠)을 느낀다. 그 당시에 그의 서신을 읽은 수신자들이 받았을 감동에 동감할 수 있고 바울의 놀라운 체험신앙을 깊이 음미하고 동참할 수 있기를 바라는 마음으로, 나는 바울 서신을 묵상하면서 바울의 바울됨의 원동력은 어디에 있으며 바울 신학의 특징과 그의 가르침의 탁월함의 근원은 무엇일까에 대한 나 자신의 소박한 깨달음을 찾고 있다.

4. 바울 사도의 인간적인 매력

바울 서신을 묵상하면 할수록 나는 바울이라는 인간에 대해 점점 더 매료된다. 그가 겪어낸 사상적 고뇌(율법의 가치체계에서 기독교의 가치체계로 전환

하는 근원적인 자기 각성의 과정)와 인간관계에서 겪었을 다양한 고통(유대인의 완고성에 부딪치면서 이룩한 이방인의 전도자로서의 체험)과 그를 일생 동안 괴롭혀 온 육체적인 질병의 고초들(육체의 가시)이 그가 쓴 13편의 서신에 솔직하고 엄격하고 간결하게 쓰여 있어서 그 글의 갈피마다에서 바울의 인간적인 숨결을 느끼기 때문이다.

신약성경의 저자들 중에서 바울만이 자신의 출신배경과 정체성, 자신의 신앙적인 확신을 일인칭 시점으로 솔직하고 정직하게 묘사하고 있다. 그의 가르침은 엄격하지만 권위적이거나 위협적이지 않으며 현재진행 명령형으로 간결하게 기록되어 있다. 바울은 다른 신약 저자들과는 구별되게 엄청난 학식과 교양을 갖추고 있으며 그의 신앙은 돌발적이고 극적인 체험을 통해 이루어진 것이고 그의 사도로서의 사명은 그가 가진 문화적인 학식과 교양을 배경으로 이방인에게로 향해 있었다.

그 당시에는 특별하게 구분되었던 높은 신분으로 태어난 바울, 고명한 율법학자에게서 율법을 수학하고 율법에 근거한 신앙철학에 엄격했던 바울. 그런 그가 돌발적이고 극적인 회심을 하여 예수가 누구인가를 변증하고 초대 교회를 세우고 신도들을 가르치기 위해 편지를 썼고 그의 학식과 교양으로 기독교가 세계의 종교로 되는 계기를 만들었다는 사실은 언제나 나를 감동케 하였다. 그러면서 한편으로는 어떻게 그런 일이 있었을까에 대한 신앙적인 의문도 가지고 있었다. 근래에 홍정욱 지음의 『사도 바울의 그리스 로

마 선교』(남강기획출판부, 2010)를 읽게 되었는데 그 책머리에 쓴 저자의 글이
나의 신앙적인 의문점을 풀어 주었기에 그 첫 부분을 그대로 옮겨본다.

어느 분이 History(역사)는 "His Story" 곧 하나님이 인류 역사를 섭리하시
고 엮어나가는 이야기라고 풀이한 것을 본 일이 있다. 비록 사전에 그와
같은 해석은 없으나 뜻깊게 생각되었다. 역사란 언뜻 무의미하고 우연한
사건들의 집적(集積)처럼 보이지만, 그러나 전체적으로 크게 보면 거기에
는 일관된 흐름이 있다. 보이지 않는 하나님의 손길이 역사의 배후에서 일
하고 계시기 때문이다. 교회 역사를 통하여 그와 같은 손길은 더욱 명확하
게 또 구체적으로 나타난다. 하나님은 미리 정하신 때, 곧 인류가 흑암 중
에서 가장 절실하게 복음을 필요로 할 때에 그리스도를 세상에 보내셨고,
동시에 팔레스타인 먼 구석에서 시작된 그리스도의 복음이 온 땅에 신속
히 전파되도록 치밀하게 계획하셨다. 특별히 하나님은 세계복음화를 위
하여 사도 바울과 같은 충성되고 능력 있는 일꾼을 준비하셨다. 그를 통하
여 로마가 복음화되고, 그 후 로마 문명을 토대로 세워진 모든 문명국들이
기독교화하는 기초가 마련되었다.

'하나님의 계획 안에서 사도 바울의 모든 일은 이루어질 수 있었다.'는 것
을 인식하게 해준 글. 이 표현 속에 담긴 깊고 깊은 하나님의 뜻을 나는 이제

눈에 보이는 아름다움에
눈에 보이지 않는 아름다움이 피일때
진정한 아름다움은
영원한 기쁨이 되는 것을

아름다움

知音. 2016.

깨닫기 시작하는 것 같다.

하나님의 부르심을 받은 사도로서 바울은 예수가 왜 그리스도인가를 구약성서를 근거로 한 변증법을 통해 밝히고자 노력했고 유대교와 구분된 기독교의 교리와 역사를 체계화하여 기독교를 확립한 '지성적인 신학자'이다. 또한 바울은 당대의 명문 가문에서 태어나 최고의 교육을 받고 엄청난 권력을 가지고 기고만장한 자세로 기독교도 핍박에 앞장섰다가 다메섹 도상에서 부활한 예수를 만나 기독교도로 회심하는 신앙적 체험을 한 '불굴의 신앙인'이다. 아울러 바울은 숱한 고난과 핍박을 겪으면서도 산 넘고 물 건너 이방인에게 예수의 죽음과 부활을 전하다가 순교한 '열정적인 전도자'이다.

일개 평신도인 내가 이 위대하고 엄청난 신학자요, 신앙인이요, 전도자인 사도 바울에 대해서 이러쿵저러쿵 이야기하는 것은 마치 울창한 나무로 가득한 웅대한 산의 한쪽 구석만을 멀리서 바라볼 뿐인 상황인데도 그 산 전체의 풍광을 다 아는 듯이 떠벌리는 관광 안내자의 어리석음과 같다는 것을 누구보다도 잘 알고 있다. 그러나 평범한 '사울'에서 그리스도의 사도 '바울'이 된 그는 진정 탁월한 인간이었으며 그의 글 속에서 느껴지는 솔직함과 엄격함과 간결함은 그의 인간적인 매력이라고 확신하면서 나는 바울 서신을 더욱 열심히 묵상할 것이다. 그러면서 인간을 위한 보이지 않으나 끊임없이 이어지는 하나님의 깊은 은총의 뜻을 마음에 새기기 위해 노력할 것이다.

5. 고난의 신비

이한영 목사님이 쓰신 『명자누나』(두란노서원, 2018)의 주제는 '고난의 신비'이다. 이 목사님은 '고난의 신비'에 대해서 "고난은 나를 사랑의 사람으로 변화시킨다. 고난은 모든 인생에서 떼어놓을 수 없는 명제임에도 불구하고 대부분의 사람들은 고난의 본 모습을 알기도 전에 멀리 달아나고 싶은 마음을 갖는다. '고난은 변장한 축복이다.'라는 말이 있듯이, 고난은 인간을 성장시키는 하나님의 비밀 병기이다. 부인하고 싶지만 사람은 고난을 통과해야만 비로소 인간다운 면모를 갖추게 된다."라고 정의하셨다. 『명자누나』에서 특별히 내게 감동을 준 부분은 동정녀 마리아가 겪어낸 고난의 신비에 대한 저자의 설명이다. 마리아에게 천사 가브리엘이 나타나 '처녀가 아기를 잉태하여 아들을 낳을 것이요, 그의 이름을 예수라 하라. 그가 큰 자가 되고 지극히 높으신 이의 아들이라 일컬어질 것이요. 주 하나님께서 그 조상 다윗의 왕위를 그에게 주시리니 영원히 야곱의 집을 왕으로 다스릴 것이며 그 나라가 무궁하리로다.'라는 메시지를 전했을 때 마리아는 이해할 수도 없고 감당할 수도 없는 깊은 고난의 시간을 거쳤을 것이다. 그 후에 마리아는 "참 인성과 참 신성을 가지신, 인류 역사상 가장 논쟁적이고 감동적이고 역설적인, 합리적인 이성으로는 도저히 이해하거나 믿을 수 없는 예수라는 아기를 잉태하고 출산했다." (『명자누나』, p. 103)는 대목에서 쾌재를 부를 만큼 강렬하게 공감하였다. 나는 예수에 대해서 이토록 정교하게 표현한 이 목사님의 문장력에 감탄했다. 마리아는 깊은 고난의 시간 속에서 변명하거나 피하지 않고 참 하나님과 만났고 자신의 참자아를 찾았던 것이다. 마리아의 고난의 시간이 얼마나 길었는지는 모르겠지만 그 시간이 마리아가 겪어낸 고난의 신비였을 것임은 알 것 같았다. 이런 이해하기 힘든 예수를 이방인에게 전도하기 위해 일생을 바친 사람은 사도 바울이다.

이 목사님의 책을 통해서 나는 사도 바울의 회심 후의 사역은 그가 겪어낸 고난의 신비의 결정이었을 것이라는 생각을 굳히게 되었다. 바울은 자신의 종교에 대한 자부심과 극단적인 열정을 가지고 유대 율법의 형식에서 벗어난 기독교를 심하게 박해하였다. 그는 명문가 출신으로, 장래가 촉망되는 30대의 기고만장한 시기에 예수 믿는 사람들을 체포하기 위해서 다메섹으로 가던 중 하늘로부터 빛이 비치며 홀연히 부활하신 예수의 음성을 듣는다. '사울아 사울아 네가 어찌하여 나를 박해하느냐'는 음성을 듣고 그가 주여 누구시니이까 묻자 나는 네가 박해하는 예수라. 너는 일어나 시내로 들어가라. 네가 행할 것을 네게 이를 자가 있느니라 하시니 같이 가던 사람들은 소리만 듣고 아무도 보지 못하여 말을 못하고 서 있었다.'(사도행전 9장 1절~9절) 이 사건으로 바울이 겪은 고난을 사도행전 9장 9절에 "사흘 동안 보지 못하고 먹지도 마시지도 아니 하니라"라고 간단히 적었지만 나는 그 이상의 고난의 시간을 겪으면서 바울은 예수를 참으로 만났고 자기의 참

그가 심어놓고 간
모란꽃
금년에도 피었구나

향기보다 더
짙어가는
그리움

知音, 2016. 4

자아를 찾았으리라고 확신한다. 바울은 믿을 수 없는 예수의 음성과 명령에 대해 반문하지도 않았고 피하지도 않았다. 그는 이 단 한 번의 사건으로 180도로 회심하였으며 그 후 구약성서를 근거로 왜 예수가 그리스도인가를 변증하는 지성적인 탐색에 뿌리를 두고 30여 년간 온갖 고난과 희생을 무릅쓰며 그리스도의 충성된 일꾼으로 복음의 세계화에 헌신하였다.

나는 바울이 본격적으로 이방인의 전도자로 나서기까지 그 자신이 한 번도 만나보지 못한 예수에 대해서 그리고 유대교와 구별되는 기독교에 대해서 깊이 연구하며 고난을 겪어내야 했던 시기가 있었을 것이고 그 결과로 그는 '옛 것을 버리고 새 사람으로' 탄생했을 것이다. 어떤 신학자는 바울의 신학을 '고난을 이긴 승리의 신학'이라고 한다. 바울 서신은 그가 겪어낸 고난의 신비한 과정이며 결과이다. 그는 자신의 서신을 통해 예수의 죽음과 부활의 의미는 예수가 우리의 고난을 공유하고 공감하고 친히 우리가 되어 우리의 고난을 직접 받음으로써 우리를 섬기는 분이라는 것을 강조하고 있다.

팔순의 새로운 세상에 들어가면서 나는 내 인생의 흐름을 관통하고 있는 핵심 단어들이 '고통'과 '성장'과 '사랑'으로 집중될 수 있다고 생각한다. 누구에게나 인생은 '고통'으로 이어지는 과정이고 그 고통을 '성장'으로 승화시키는 노력에 '사랑'의 힘이 곁들여져 새로운 인생을 펼쳐나가도록 인도하는 것이 하나님의 섭리임을 깊이 깨닫고 있다.

내 삶의 기둥, 셋

상담과
문학상담

-삶 속의 삶을 찾아서-

때때로 나는 '상담은 나에게 있어서 무엇인가?'라고 스스로에게 묻곤 한다.
그럴 때마다 나는 주저하지 않고 '상담은 내가 일상생활에서 성숙한 태도로 살아
갈 수 있도록 나를 이끌어주는 나의 존재방식이다. 내게 있어서 삶은 상담의 시작
이고 상담은 내 삶의 시작이다.'라고 대답한다.

지난 50여 년간 상담자로 살아오면서 인간의 내면세계를 풍성하게 하는 데에 목
적을 두는 상담과 인간의 문제를 천착하는 인문학(철학과 문학)이 융합하여 활용
되면 상담학의 지평은 더욱 넓어질 수 있을 것이라는 확신을 가지게 되었다. 만년
문학지망생인 나는 특히 문학과 상담의 접점을 체험하면서 상담이 문학을 만나서
이루어 낼 수 있는 풍성한 효과에 대해 깊은 관심을 가지고 있다. 상담과 인문학이
융합되어 실시하는 인문상담과 문학적으로 하는 문학상담의 가능성에 대한 이런
확신의 밑바탕이 된 나의 '상담과 문학상담에 대한 신념'을 정리해 보았다.

나의 상담철학

나는 1962년에 서울대학교 사범대학 국어과를 졸업하면서 경동중학교 교사로 발령을 받고 2년 동안 남학생들에게 국어를 가르쳤다. 그 후에 모교인 이화여자중학교에서 3년 동안 총명한 여학생들을 가르치면서 내 교단생활에서 가장 아름다운 황금기를 보낼 수 있었다. 나는 청소년기의 학생들 내부에 존재하는 무궁무진한 잠재력과 표현력에 감탄하면서 사범대학 국어과 출신답게 말하기, 듣기, 읽기, 쓰기의 언어교육과 문학적 감수성을 키워주는 문학교육에 관심을 가지고 열심히 가르쳤다. 사춘기 학생들의 고뇌와 좌절과 용기와 도전을 틈틈이 목격하면서 나는 인간의 내면적인 잠재력과 역동성을 알고 싶었고, 그들의 미래의 모습을 함께 그려보고 싶은 강한 의욕을 느꼈다. 나의 상담철학의 발아(發芽)는 그때부터 시작되었던 것 같다. 1960년대 말 매사추세츠의 Fitchburg State College로부터 입학통지를 받고 내가 서울을 떠난 날은 1968년 1월 22일이었다. 그날은 공교롭게도 김신조 일당(남파 무장공작원)이 서울에 잠입한 바로 다음날이어서 서울을 비롯한 전국이 긴장감으로 팽배해 있었다. 나를 태운 NW비행기는 오후 4시에 이륙했고, 7시에는 대한민국 전역에 계엄령이 선포되었다. 나의 비행시간이 하루라도 늦었더라면 내 인생은 달라졌을지도 모른다. 그로부터 5년 동안 나는 Fitchburg State College와 University of Virginia에서 상담과 상담자 교육을 공부하였다.

나는 미국에서 공부하면서 모든 일을 보다 훌륭히 이루어 내려는 미국인들의 부단한 열정과 언제 어느 곳에서나 남을 돕기에 인색하지 않은 친절하고 협조적인 생활 태도를 배웠고, 사적인 감정이나 아첨 따위로 사람을 평가하지 않고 개인을 능력대로 인정하는 학문의 분위기를 체험했다. 아름다운 캠퍼스, 중후하고 품위 있는 전통, 고귀한 아카데미즘의 실현, 그 속에서 피어나는 지성의 만개(滿開). 그런 환경 속에서 나는 어려운 공부에 좌절하고, 사소한 일에도 감격하고, 평범한 사람들에게서도 감동을 받으면서 내가 원했던 공부를 하여 1973년 상담자 교육으로 University of Virginia에서 교육학 박사학위를 받았다. 1974년에 귀국한 뒤 26년간 서울여자대학교와 이화여자대학교의 교수로, 1998년부터 7년간은 한국청소년상담원 원장으로, 2010년부터는 한국상담대학원대학교 총장으로 오늘에 이르기까지 인문학에 기반한 인문상담, 특별히 문학상담의 새로운 지평을 열어가기 위해 노력하고 있다.

상담은 자기이야기를 정확하게 표현하는
과정이다. 문학은 다른사람의 이야기를 효과있게
표현해놓은 작품이다. 문학상담은 숨어있는
자기이야기를 정확하고 효과있게 표현하도록
도와주는 과정이다. 그리하여
〈좀더 나은 자신〉을 찾아가는 길을 찾는다.
문학과 상담의 핵심은 〈소통〉과
〈이해〉에 있다.

知音, 2017

나는 상담을 '삶 속의 삶을 찾아가는 건강한 교육적인 과정'으로 인식하고 있다. 나의 상담철학은 인간의 숨은 능력을 개발하고 보다 나은 삶을 살도록 도와주는 인본주의 철학에 근거하고 있다. 나의 상담목표는 개인이 자신의 주체성을 확립하고 타인과의 관계성을 회복하여 자기다운 삶을 이끌어 가도록 도와주는 데에 있다. 따라서 나는 상담과정의 핵심은 자신의 과거, 현재, 미래를 인문학적으로 성찰하는 데에 있다고 본다. 총체적으로 나는 상담은 과학이며 예술이자 교육이라고 생각한다.

지난 50여 년간 상담 교수로, 상담자로 살아오면서 나는 사람들이 상담을 받으러 오는 가장 기본적인 원인이 현재의 자신이 '되고 싶은 자기'가 아니기 때문에, 현재 자신의 주변 세계와 맺고 있는 관계를 '더 잘 맺고 싶기' 때문에, 즉 자기의 주체성을 확립하고 타인과의 관계성을 회복하고 싶기 때문이라는 결론을 내렸다. 자기 자신과 남에게 진지하고 정직하며 '지금-여기'에 충실하면서 다가올 '앞날'을 희망과 열정으로 맞이할 수 있도록 자신의 삶을 성숙시키는 보람 있는 여정이 곧 상담의 과정이어야 한다고 생각하게 되었다. 앞으로의 상담은 내담자의 현실적인 사회적 부적응 증상이나 갈등을 제거하는 과정을 넘어서 내담자의 인간적인 성숙을 목표로 하고, 내담자가 호소하는 문제에 집중하는 것을 넘어서 인간인 내담자에 집중하고, 내담자를 치료하거나 치유하는 데에 그치지 않고 내담자의 인간적 성장을 목표로 해야 하지 않을까 하는 생각을 굳히게 되었다. 상담자는 내담자로 하여

상담은 인간 능력이 도달할
인간의 무한한 깊이와
넓이와 높이를 존중하고
사랑하며 지향하기에
인간의 노력으로 성장하는
학문이다.

知音. 2017

금 "나는 과거에 어떻게 살아 왔고, 현재 어떻게 살고 있으며, 미래에 어떻게 살아야 하는가?"라는 인문적 자기성찰을 하도록 이끄는 안내자이며, 격려자이며, 동행자의 역할을 해야 하는 전문가여야 한다고 생각한다. 자신의 존재 의미와 가치를 다루는 자기성찰은 상담과 인문학의 핵심과제이므로 인문학의 핵심과 상담의 목표는 넓은 의미에서는 동일하다고 할 수 있다. 그러므로 인문학과 상담을 상호보완적으로 활용한다면 상담과정을 더욱 깊이 있고 차원 높게 하면서 상담의 지평을 넓혀주는 하나의 수단으로서 만들 수 있을 것이다. 아울러 미래 사회를 위해서는 철학적이고 문학적인 사유와 고뇌 속에서 인간의 실존적인 문제들이 다루어지는 상담이 절실히 필요하다고 생각하였다. 그래서 2010년 한국상담대학원대학교를 설립하면서 나는 인문학에 기반한 상담학의 새로운 지평을 구축해 나갈 것을 특성화된 교육목표로 설정했다. 개교 후 지금까지 상담과정에 철학적 사유와 질문을 활용하는 상담을 철학상담, 문학적인 통찰력과 표현력을 활용하는 상담을 문학상담이라 명명하고 새로운 교과목과 교육 프로그램을 개발하여 실행해 오고 있다. 나는 문학이라는 큰 세계가 상담의 과정에서 얼마나 큰 울림을 주는가를 직접 강의를 하면서, 또 집단 프로그램에 참여하면서 체험하고 있다. 지금까지 문학상담 강의를 들었던 수강생이나 문학상담 프로그램에 참여했던 참가자들에게 매우 긍정적인 피드백을 받고 있어서 기쁘게 생각한다.

1. 상담과 문학상담에 대한 나의 신념

첫째, 상담과 문학상담은 과학이며, 예술이며, 교육이다.

상담과 문학상담은 새로운 연구방법, 예를 들어 질적인 방법으로 상담 결과를 검증·활용하려고 노력하면서 계속 발달하고 있는 과학이며, 독특하고 진지하며 정직한 인간관계 속에서 새로운 자기를 구축해 가는 예술이고, 인간이 성장과정에서 부딪히게 되는 갈등, 선택, 불확신의 문제를 해결하고 지탱할 수 있는 능력을 최대한 개발해 내는 교육의 핵심목표를 공유한다.

둘째, 상담과 문학상담은 정답이 없는 '나와 너와 세상'에 대한 물음의 과정이다.

상담과정에서 언제나 부딪히는 숙명적인 핵심 문제는 '나는 누구인가?' '너는 누구인가?' '나와 네가 살고 있는 이 세상은 어떤 곳인가?'이다. 그러나 이 문제에 대한 명쾌한 정답은 어느 누구에게도 주어지지 않는다. 다만 그 해답을 찾기 위해 내담자와 상담자 모두가 독자적인 노력을 부단히 지속해 나아가야 할 뿐이다.

셋째, 상담과 문학상담은 과거에 내가 살아낸, 현재 살고 있는, 미래에 살아가야 할 삶의 이야기를 수용하고 새로운 길을 찾아가는 과정이다.

삶은 상담의 시작이고 상담 안에 삶의 이야기가 있다. '순간의 삶'과

'삶의 순간'이 이어져서 인간의 삶은 형성되고 상담은 내담자의 이야기를 듣는 것으로부터 시작한다. 상담자는 내담자의 이야기에 집중하면서도 자신의 분석적 전문성을 동원한다. 내담자는 자신의 이야기가 자기 과거를 재현하고 있다고 믿지만, 상담자는 내담자의 이야기가 내담자의 관점에서 구성된 이야기라는 것을 알고 있다.

넷째, 상담과 문학상담은 내가 '나'를 '지금-여기'에서 만나는(Meeting me here-now) 과정이다.

내 속에 있는 수많은 '나', 내 속에 있지만 내 뜻에 따르려고 하지 않는 '나', 이러한 여러 모습의 '나'로 인해 갈등과 좌절과 우울의 지배를 받게 된다. '지금-여기'에서 내가 '나'를 만나려면 반드시 '명료화(clarification)'와 '직면(confrontation)'의 과정을 거쳐야 한다. 여기에 상담전문가의 개입이 필요하다.

다섯째, 상담과 문학상담은 '삶 속의 삶'을 찾아 '잃어버리고 있었던 자신의 언어'를 되찾는 작업이며 인간의 능력을 최대한 개발해 내는 힘과 지혜와 기능을 가지고 있다. 즉, 상담은 자신이 진정으로 원하는 삶을 살 수 있도록 자신의 성장과 성숙에 초점을 맞추고 있는 과정이다.

여섯째, 상담과 문학상담은 내담자의 짧은 말 속에서 내담자가 하고자 하는 긴 이야기를 읽어내고 이해하고 성장하는 길을 찾는 과정이다.

상담은 인간의 참본성을 찾아가는
성실한 과정이다. 속도는 느리고
효과는 불확실하지만
인간의 인간됨을 향해
정진하는 학문이다.

知音, 2017

상담과정에서 내담자는 자신의 생각과 느낌을 정확하게 표현하지 못하는 경우가 많다. 그러나 상담자는 내담자의 이 짧은 말 속에는 길고 긴 이야기가 숨어 있음을 알아차리고 수용하고 이해하려고 노력하는 역할을 해야 한다.

2. 철학, 문학, 상담 그리고 인문상담학

인문상담학은 문학과 철학으로 대표되는 인문학과 인간의 참된 본성과 능력을 탐구하는 상담학을 융합하여 상담의 내용을 깊이 있게 하려는 과감한 시도이다.

문학과 철학은 이미 인문학이라는 커다란 테두리 안에 공존하면서 인류 역사가 기록될 때부터 인간 지성의 고급활동으로 활발히 교류하고 있다. 인류사회의 보편성을 관통하는 가치관을 이어가는 학문적 전승 아래서 인문학은 '인간은 과거에 어떻게 살아왔고 현재 어떻게 살고 있으며 미래에는 어떻게 살아야 할 것인가?'에 대한 적절한 해답을 찾으려고 노력하는 자기성찰의 학문이다.

상담학은 20세기에 미국을 중심으로 발달하기 시작한 학문이다. 상담학의 핵심목적은 인간에게는 자신만의 독특한 능력이 있고 자신이 원하는 삶을 추구하려는 경향성이 있다는 믿음 안에서 인간이 자기 주체성을 찾고 타인과의 관계성을 회복하는 것을 도와주기 위한 교육적 토대에서 시작된 자기성찰의 학문이다.

인문상담학은 크게 철학상담과 문학상담으로 구분되지만 그것은 인문상담이 구체화되는 과정에서 '어떠한 방법론을 조금 더 적극적으로 활용하는가'에 따른 분류일 뿐, 상담의 목표나 내용 혹은 과정의 차원에서의 구별이나 차이는 존재하지 않는다.

인문상담학은 철학적 지혜와 사유, 그리고 문학적 통찰과 표현을 활용하여 내담자가 알지 못하는 것을 알게 하고, 알고 있음에도 표현하지 못했던 것들을 표현할 수 있게 도와주는 교육상담에 토대를 둔다. 인문상담을 실행하는 인문상담자는 상담전문가로서 인문학적인 수련을 받고 인문상담 검정과정을 거쳐야 한다.

이미 문학작품 속에 깃든 철학사상을 탐색하고 철학사상 속에 표현되는 문학을 읽어내는 과정이 철학이나 문학 강의에 자주 등장하는 인기 주제이므로 문학과 철학의 만남은 아주 자연스러워 보인다.

철학자 양운덕은 문학과 철학이 함께 논의될 수 있는 이유를 몽테뉴가 슬픔을 탐구하며 제시한 한 이야기를 통해 다음과 같이 설명한다.

이런 이야기가 있다. 이집트의 왕 프삼메니투스가 페르시아의 왕 캄비세스에게 패해서 포로로 잡혔을 때, 사로잡힌 자기 딸이 노예복장으로 물을 길어오기 위해 그의 앞을 지나가는 것을 보고, 주위에 있던 친구들이 모두 울부짖는데도 그는 땅바닥을 응시한 채 말없이 꼼짝 않고 있었다. 그리고 조금 후에 자기 아들이 죽음의 길로 끌려가는 꼴을 보고도 똑같은 모습을 하고 있었다. 그런데 그의 부하 한 사람이 포로들 무리에 섞여 끌려가는 것을 보더니 머리를 치면서 대성통곡하더라는 것이다.

그는 왜 마지막 경우에 슬픔을 터뜨렸을까?

캄비세스가 프삼메니투스를 보고는, 어째서 그가 아들, 딸의 불행에는 마음이 격하지 않고 있다가 부하의 불행은 참아내지 못했느냐고 묻자, "이 마지막 불행은 눈물로 마음을 표현할 수 있지만, 앞의 두 사건은 마음을 표현할 모든 수단을 넘어선 것이오."라고 답했다고 한다.[1]

---

1) 양운덕, 『문학과 철학의 향연』, 문학과지성사, 2011, pp. 7-8.

상담의 기초는
인간은 태어날때부터
그안에 천부져인 자신만의
능력을 가진 존재라고 믿는
긍정적인 신념 안에 있다

知音. 2017

이를 토대로 양운덕은 철학과 문학이 각기 다른 방식으로 슬픔을 바라보고 있음을 설명하면서 철학은 '슬픔이란 무엇인가?'라는 질문을 통해 개별적인 슬픔 너머에 숨겨진 슬픔의 본질을 탐구하는 반면에 문학은 각각의 슬픔이 지닌 차이와 개별성에 주목한다고 했다. 슬픔의 본질을 탐구하고 슬픔의 차이에 주목하면서 철학과 문학은 함께 논의될 수 있다는 것이다.[2]

그렇다면 철학과 문학과 상담은 함께 논의될 수 있을 것인가?

이에 대한 적절한 해답을 찾기 위해 앞서 제시한 이야기를 조금 더 자세히 살펴보자.

이 이야기는 페르시아 왕에게 패배한 이집트의 왕이 세 가지 사건에 대해서 어떻게 대응하고 있는가에 그 초점이 있다. 이집트 왕이 경험한 첫 번째 사건은 자신의 딸이 노예가 된 것이고, 두 번째 사건은 아들의 죽음이다. 그리고 자신의 부하들이 포로로 끌려가는 것을 목격하는 것이 세 번째 사건이다. 세 가지 모두 비극적인 사건이지만 이집트 왕은 첫 번째와 두 번째 사건에서는 아무런 반응이 없다가 세 번째 사건에서 비로소 대성통곡하게 된다. 몽테뉴는 이 이야기에서 철학은 슬픔의 본질을, 문학은 슬픔의 표현에 집중한다고 설명한다. 상담자인 나는 이 이야기에서 슬픔을 당한 당사자인 이집트 왕의 내면의 세계의 움직임에 주목한다. 이집트 왕은 마음속 깊은 슬픔

---

2) 앞의 책, pp. 8-10 참조.

상담자는 자기집에 있지만 한번도
들어가 보지못한 방문을 열어보게 하고
갇혀있는 날개를 발견하게 하는
〈동행자〉이며〈격려자〉의 역할을
하는 〈성장하는 개인〉이다

知音, 2017

을 눈물로 표현할 수도 있으나 그 슬픔이 너무 극심할 때는 눈물로도 표현할 수 없음을 토로한다. 마음의 슬픔을 표현할 수 있는 모든 수단을 넘어선 극심한 슬픔 앞에서 그는 단지 서 있을 뿐 자신의 진정한 슬픔을 어떤 방식으로도 표현하지 못했다. 상담은 이런 상황에서 감당할 수 없는 슬픔과 마주하고 있는 이집트 왕을 진정으로 이해하고, 그와 진정으로 함께 있어 주고자 하는 노력이다.

다시 말해서, 상담은 슬픔을 경험하는 주체와의 대화를 통해 그가 처한 상황에 적극 동참하고 한 개인이 그것을 견딜 수 있는 힘과 용기를 갖도록 도와주는 과정이다. 상담의 고유한 특성은 그 당사자의 내면에 그런 힘과 용기가 내재되어 있음을 믿는 데에 있다. 그 과정에서 슬픔의 본질을 이해하는 철학적 사유와 질문, 문학적인 통찰력과 공감력으로 슬픔을 표현할 수 있는 능력을 상담적 담론과 함께 논의할 수 있을 것이다. 그렇게 한다면 그 과정은 더욱 깊이 있는 과정이 될 것이다. 이것이 철학적인 사유와 질문, 문학적인 통찰력과 표현력을 융합하여 상담적인 담론을 거쳐서 차원 높은 인간의 내면 세계의 움직임을 천착하려고 시도하는 인문상담학의 핵심목표이다.

이러한 기본적인 방향성과 목적 아래서 인문상담은 상담자와 내담자가 마주하는 상담 공간에 상담자와 내담자가 주고받는 말 이외에 인문학적 텍스트를 추가로 활용할 수 있다.

인문상담을 진행하는 상담자는 특정 진단명에 맞춰 이집트 왕을 진단하지 않을 것이며, 그가 자신의 비극적인 경험을 회상하고 그것에 대해 무언가 생각하고 대답할 수 있도록 인문학적인 자기성찰을 할 수 있게 도와줄 것이다.

상담(이 글에서 나는 상담을 인문상담, 철학상담, 문학상담을 포함하는 용어로 사용한다)은 말로 표현할 수 없는 그 무엇, 도저히 용납되지 않는 웅대한 슬픔과 좌절, 분석적인 사고와 표현적인 감성으로는 극복되지 않는 그 무엇, 말하고 싶으나 자기가 알고 있는 말로는 표현되지 않는 그 무엇을 탐색한다. 상담은 누구에게나 기본적으로 마음속 깊은 곳에 그 무엇을 정확히 표현할 수 있는 자신만의 언어가 있고 그것을 표현할 수 있는 창의적인 능력이 있다는 것을 믿는다. 그것을 찾아내지 못해서 괴로워하는 사람들을 위해 함께 그 잃어버리고 있는 언어와 능력을 찾아주는 것이 상담의 목표와 과정이다. 그가 잃어버리고 있는 말은 곧 그의 주체성이고 그가 말로 할 수 없는 것은 그가 맺고 있는 다른 사람과의 관계가 만들어 내고 있는 결과이다. 이런 상담의 과정에서 철학적인 사유와 질문, 문학적인 통찰력과 표현력이 융합될 수 있는 길이 있을 것이다. 상담은 인간이 자기 자신의 주체성을 확립하고 다른 사람과의 관계성을 회복하는 여정이다. 이 과정에서 철학과 문학의 특성이 활용될 수 있으며 이는 상담자가 철학과 문학의 특성을 어떻게 상담적으로 진행하느냐, 즉 상담화 과정(counselizing process)에 따라 달라질 수 있다. 인문상담을 하는 상담자는 인문학적 소양을 갖춘 전문상담가여야 하는 이유가 여기에 있다.

철학이나 문학이 분석적이고 사변적이라면, 상담은 통합적이고 전체적인 그림을 그리려고 노력한다. 전체적인 그림을 그려가는 과정에서 철학적인 사색과 질문이 필요하고 문학적인 표현과 개별성을 확인하는 과정이 필요하며 이러한 철학적이고 문학적인 노력이 상담의 과정을 더욱 풍요롭고 차원 높게 해 줄 수 있을 것이다. 이것이 인문상담학의 근본신념이다.

삶속의 삶을 찾아가는 길
힘과 용기를 얻으면
아프면서도 기쁘게 오가는
오묘한 여정

知音. 2017

나와 문학상담

1. 문학, 상담, 문학상담[3]

문학상담은 문학의 특성을 살려서 '문학적'으로 하는 상담이다. 문학적으로 하는 상담이 가능한 것은 문학 속에 상담에서 이루고자 하는 목표들이 있기 때문이다. 언어예술인 문학은 구체적인 묘사로 다양한 삶을 이야기하면서 새로운 삶의 방향을 은유적으로 표현한다. 상담은 자신의 언어로 자신의

---

3) 현재 우리나라와 외국에서는 문학의 특성을 활용하여 상담과 심리치료를 실시하는 학회 차원의 모임과 센터가 많이 운영되고 있다. 이들은 '문학치료' '시치료' '독서치료' '이야기치료' 등의 이름으로 '치료'에 중점을 두고 있는 데 반하여, 나의 '문학상담'은 상담에 중점을 두고 있다. '치료'라는 단어에는 겉에 나타나는 '증상'의 제거를 목표로 하는 의학적인 함의가 있으나, '상담'이라는 단어에는 '성장'과 '전인적 발달'에 중점을 두는 교육적인 함의가 있고, 이 점이 문학상담의 고유한 특성이다. '문학상담'은 나 이혜성의 용어이다.

삶을 이야기하면서 새로운 삶의 가능성을 찾도록 힘과 용기를 주기 위해 노력한다. 문학과 상담의 이러한 공통적인 특성을 융합하여 실행하는 문학상담은 더욱 깊이 있고 차원 높은 자기성찰의 통로가 될 수 있을 것이라고 확신한다.

문학과 상담은 각기 다른 영역에 속할 뿐만 아니라 그것이 무엇이라고 쉽게 정의할 수도 없다. 또한 지나치게 사적이고 방대하여 그 효과나 결과 또한 개인적으로 상이하게 드러나기 때문에 쉽게 측정할 수조차 없다.

문학과 상담을 비교해 보면, 문학은 읽고 쓰는 행위가 바탕이 되는 글을 매개로 작품이 생성되는 반면, 상담은 말하고 듣는 행위를 통해 전개된다. 또한 문학은 일정한 플롯이나 배경이 전제된 허구적인 이야기를 대상으로 삼지만, 상담은 플롯이 존재하지 않는 실제 삶을 이야기하기 때문에 시간과 공간 또한 우리의 경험 세계에 국한된다. 문학작품을 읽으며 독자는 감정이입, 반성, 성찰, 반발 등의 다양한 반응을 통해 그것을 어떤 형식으로라도 수용하게 되는데, 이러한 수용의 과정은 독자에게 지금보다 더 나은 삶이나 가능성을 탐색할 수 있는 기회를 제공한다.

문학, 상담 그리고 문학상담의 내용과 방법과 목표를 표로 정리하면 다음과 같다.

표 1 문학, 상담 그리고 문학상담의 내용과 방법과 목표

	내용	방법	목표
문학	다른 사람이 쓴 다른 사람의 이야기	• 언어(글)로 표현 • 문학의 원리와 기술	• 주체성 확립, 관계성 회복 • 암시를 통한 예술적 감동
상담	내가 말하는 나의 이야기	• 언어(말)로 표현 • 상담의 원리와 기술	• 주체성 확립, 관계성 회복 • 자기성찰을 통한 내외적 변화
문학 상담	문학작품 속 이야기 나의 이야기 (문학적 담론 → 상담적 담론)	• 상담자의 상담화 과정이 필수 • 언어 활동 활용 (읽기, 듣기, 쓰기, 말하기) • 공유하기 • 체험하기	• 주체성 확립, 관계성 회복 • 생각하는 힘 기르기 • 표현하고 공유하는 힘 기르기

　　문학작품의 내용과 주제에는 상담의 내용과 주제가 포함되어 있고, 상담의 과정과 내용에는 문학적인 특성(표현, 통찰, 감정이입 등)이 녹아 있기 때문에 문학의 특성을 활용하는 상담은 문학상담이라고 할 수 있다. 상담과 문학의 공통된 목표는 언어활동을 수단으로 인간의 본래적인 덕목을 추구하고, 인간의 실존적인 갈등을 해소하는 방안을 모색한다는 데 있다. 상담은 실제 삶의 이야기를 말로 표현하고, 들어주면서(말하기, 듣기) 새로운 깨달음(자기주체성, 관계성)을 얻어가는 과정이라고 한다면, 문학은 허구적인 삶의 이야기를 글로 쓰고, 읽으면서(쓰기, 읽기) 새로운 깨달음(자기주체성,

관계성)을 얻어가는 행위이다. 그러므로 공통된 목표를 말과 글로 추구하는 상담과 문학은 상호보완적이다. 요약하면, 문학상담은 상담과정과 내용에 문학적인 특성을 활용하여 삶 속의 삶을 찾아 자기다운 삶의 기쁨과 보람을 찾게 하는 데 근본 뜻이 있다.

상담은 내담자가 하나의 독립된 주체로 거듭나는 것을 돕고, 이를 통해 공동체 안에서 내담자가 타인과 원만한 관계를 형성하며 살아가는 것을 돕는다. 문학은 주인공을 자기화하는 과정 속에서 독자 스스로 그것을 이루었다면, 상담은 전문상담자가 개입하여 내담자가 자신을 객관화할 수 있도록 돕는다는 점에서 차이가 있다. 이러한 차이에도 불구하고 상담과 문학은 모두 개인의 주체성과 타인과의 관계성을 회복하고 확립하는 데 도움을 주며, 이는 문학상담이라는 특별한 만남 이전에도 상담과 문학이 늘 담당하던 일이었다. 오래전부터 이미 이루어진 이러한 맥락을 기본으로 하여 상담과 문학이 융합되는 문학상담은 상호협력적인 동시에 발전적인 가능성을 제시한다. 문학상담 안에서 상담은 문학을 통해 경험 세계를 확장할 수 있는 가능성을 부여받게 될 것이며, 문학은 상담을 통해 삶의 현실과 더욱 밀접하게 소통할 수 있게 될 것이다.

[그림 1] 문학 속에 상담이 있고 상담 속에 문학이 있다

    문학상담에서 '문학'이란 반드시 문학작품만을 뜻하는 것에 국한되지 않는다. 문학의 근본인 말하고 듣고 읽고 쓰는 모든 언어활동을 포함하는 것이다. '언어'로 진행되는 문학상담은 일상 언어생활에서의 말하기, 듣기, 읽기, 쓰기를 상담에 녹아들게 하여 자기의 생각과 느낌을 정확하게 표현하고 남의 말을 정확하게 듣는 과정을 중요하게 여긴다.

    문학상담에서 상담과 상담문학[4]은 상호주체적인 동시에 상호보완적인 관계를 형성한다. 즉, 상담과 문학 모두 서로를 도구로 이용하지 않으며, 서

---

4) 상담문학은 상담의 핵심내용을 다루는 문학을 지칭한다. 스탠퍼드대학교의 정신과의사이며 저명한 소설가인 어빈 얄롬(Irvin Yalom)의 모든 작품을 상담문학이라고 할 수 있다. 일반적으로 문학은 인생의 모든 면을 다루고 있으며, 상담 역시 인생의 모든 면을 내용으로 하기 때문에 넓은 의미에서 모든 문학은 상담문학이라고 이해할 수 있다고 나는 생각한다.

로를 통해 더욱 고양될 수 있다. 그러나 문학상담은 상담의 새로운 지평을 열고자 하는 시도이므로 문학상담의 주어는 문학이 아니라 상담이다. 상담의 핵심내용을 다루는 문학은 상담문학이라고 할 수 있다. 문학작품 또는 자기 이야기 속에 들어 있는 내용을 상담자가 내담자에게 상담적으로 이끌어가는 과정을 통해 내담자는 도움을 받게 된다. 이 과정을 나는 '상담화 과정(counselize process)'5)이라고 명명한다. 이 과정은 문학을 상담으로 인도하는 과정이다. 즉, 문학작품이나 자기 자신의 이야기를 상담적인 담론(자기화, 자기탐색, 수용, 이해 등)으로 변형시켜서 자기를 성찰할 수 있도록 이끄는 과정이다. 일반적으로 볼 때 모든 문학작품의 내용은 상담적 담론으로 이어질 수 있으며, 또한 모든 상담의 내용은 문학작품에서 다루어지는 이야기를 내포하고 있다. 그래서 나는 모든 문학작품은 상담문학이라고 할 수 있으며, 문

---

5) counselize는 'counsel + ~ize: 상담화하다, 상담이 되게 하다'의 뜻으로 만들어 낸 단어이다. 민중서림 영한사전에 보면 '~ize'는 접미사로서 단어의 끝에 붙어서 '~으로 하다' '~화하다' '~되게 하다' 뜻의 동사를 만든다고 설명한다. 예를 들면, crystalize, realize. 'counselize process'는 문학상담의 과정에서 문학 텍스트를 활용하면서 그 내용을 상담으로 되게 하는 과정을 의미한다. 즉, 문학 텍스트의 내용을 내담자가 자기의 입장에서 생각하고 공감하고 내외적 변화를 체험할 수 있도록 훈련받은 전문상담자가 상담을 진행하는 것을 의미한다. 이 과정이 문학상담의 고유한 특징이다. 문학치료나 독서치료에서는 텍스트의 내용을 토론하고 분석하면서 텍스트 자체에 중심을 둔다면, 문학상담에서는 상담화 과정을 통해 내담자는 그 텍스트로부터 다양한 자기성찰을 하고, 그로 인해 자기성장을 이루어갈 수 있을 것이다. 이 과정에서 문학상담 훈련을 받은 상담자는 텍스트를 촉진제(매개체)로 사용하여 내담자와 토의하고 글쓰기를 격려하며, 텍스

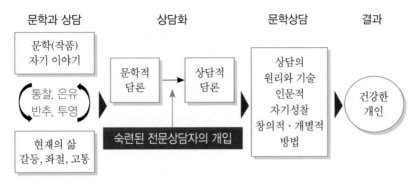

[그림 2] 문학상담의 과정

학상담은 문학작품의 상담화 내용이라고 생각하고 있다. 다른 말로 하면, 문학 속에 상담이 있고 상담 속에 문학이 있다는 것이다.

　문학상담에서는 상담과정을 좀 더 깊이 있고 차원 높게 하기 위한 매체로서 문학작품을 사용하는 것이므로 이는 단순한 문학 감상이나 서평과는 다르다. 문학상담에서 문학작품을 활용할 때 무엇보다도 중요한 것은 그 작품의 주제를 파악하고 작품의 내용에 반영되어 있는 저자 또는 주인공의 문학적 은유를 음미하는 것이다. 한마디로 말해서, 문학을 상담에 적용하는 것

트에 대한 내담자의 반응, 심리적 건강상태에 집중할 수 있는 능력을 발휘할 수 있어야 하며, 부드럽고 비위협적인 분위기를 조성할 수 있는 상담자이면서 동시에 촉진자로서의 역할을 하는 것이 바람직하다.

〈누가 우수하냐?〉가 아니라
　　〈그 사람의 어떠한 면이 우수한가?〉를
　　　찾는 것이 상담자의 일이다.

知音, 2017

은 문학적 담론을 상담적 담론으로 바꾸어 보는 시도라고 할 수 있다. 문학
작품을 해석하는 방법은 무한히 많기 때문에 문학작품은 자유로운 자기성
찰의 공간을 열어줄 수 있다. 이런 의미에서 문학작품에 대한 상담의 접근
은 문학적 사고와 표현력과 통찰력의 훈련을 위해서도 유효한 수단으로 기
능할 수 있다.

2. 문학상담의 문학적 특수성

문학상담은 내담자와 상담적인 관계를 형성하는 상담전문가가 언어예술
인 문학적 표현과 통찰력을 활용하여 진행하는 상담이다. 문학상담 안에서
문학상담 전문가는 내담자가 인문적인 자기성찰을 통해 잃어버린 본성과
언어를 찾을 수 있도록 도와주는 역할을 하며, 이를 통해 내담자는 자기의
주체성을 확립하고, 더 나아가 타인과의 관계성을 회복하게 된다.

따라서 문학상담은 문학적으로 실천되는 상담이자 상담 안에서 실천되는
문학으로 이해될 수 있다. 문학상담은 상담의 새로운 방법이기에 문학작품
창작을 목표로 삼지 않으며, 문학 텍스트를 분석하거나 비평하지 않는다.
따라서 문학상담자는 근본적으로 체계적인 교육과 훈련을 받은 상담전문가
이지 문학전문가는 아니다. 문학상담자는 내담자의 요구와 수준에 맞춰 상

담 속에서 문학을 자유롭게 구성할 수 있어야 하므로 일정한 수준의 인문학적 소양을 갖추어야 한다(이 글에서 나는 상담자, 인문상담자, 문학상담자를 혼용한다).

문학상담의 특수성과 고유성을 좀 더 세밀하게 서술해 보고자 한다.

첫째, 문학상담은 문학의 특성을 살려서 '문학적'으로 하는 상담이다. '문학적'이란 말은 표현의 수단인 언어를 통하여 섬세한 느낌이나 복잡한 생각들을 깊이 있게 표현할 수 있다는 의미이다. 따라서 문학적인 요소를 매개로 진행되는 상담을 '문학상담'이라고 지칭한다. 즉, '문학상담'은 상담적 관계에서 상담자가 내담자의 문제를 문학의 특색인 정확한 관찰과 적합한 이해와 명확한 상담적 언어로 표현할 수 있게 도와주면서 내담자가 자신의 잃어버리고 있었던 언어와 그의 본성을 찾아 깊이 공감하는 예술적 체험에까지 이를 수 있도록 해 주는 상담이다.

둘째, 문학상담은 문학의 언어예술로서의 측면과 문학의 궁극적인 목표가 인간 실존의 문제를 다룬다는 두 가지 측면에 주목하여 상담의 내용과 과정을 차원 높게 하려는 시도이다. 문학의 언어예술로서의 측면은 작가들이 세심한 관찰을 바탕으로 인간과 삶을 이해하고 자신이 표현하고자 하는 바를 언어를 통해 정확하게 형상화해 냄으로써 작가 자신과 독자 모두에게 예술적 경험을 선사하는 것이다. 이런 관점으로 볼 때 문학상담의 과정에서 상담자가 내담자의 이야기를 잘 듣고 이해하여 명확한 언어로 서로의 마음속 깊은 생각을 나누면서 절대적으로 공감하는 예술적 경험에까지 이르게 할 수 있음을 의미한다. 내담자의 이야기를 잘 듣고 이해하여 정확하게 표현하는 것은 기존의 상담에서도 하는 활동이지만, 문학상담은 문학의 언어로서의 예술성, 즉 명확한 표현과 통찰을 상담 과정에 활용하는 것이다. 나는 이 과정에서 상담자의 역할을 렌즈의 역할로 비유한다. 흩어진 햇볕을 렌즈의 초점으로 모아서 한곳에 집중시킴으로써 불이 붙게 되는 순간에 느껴지는 신비한 희열이 문학상담 과정에서 상담자와 내담자가 완벽한 합일을 느끼는 예술적 순간에도 가능할 것이라고 생각한다.

또한 문학상담에서는 자기 서사의 자료를 직접 창작해 가는 과정에 초점을 맞추어 대상에 맞게 활용할 수도 있을 것이다. 이런 과정을 통해서 언어화되지 않은 자신의 경험세계의 의미를 발견하고 재구성해 볼 수 있도록 하면서 자신이 진정으로 하고 싶었던 말과 가지고는 있으나 활용하지 못하고 있었던 자신의 참 본성을 찾을 수 있게 될 것이다. 자기 자료를 이야기로 만들어 내는 과정은 '내담자가 살아낸 삶'을 다양한 언어활동(쓰고, 읽고, 말하고, 듣는 활동)을 통해 재현하고 정리하며, 그 안에 담겨 있던 '살고 싶은 삶'의 이야기를 발견하고, 그 바탕 위에 새롭게 자기 이야기를 구성하여 '잃어버린 언어'를 되찾는 과정이다. 이는 고귀한 존재로서의 자신뿐 아니라 소중한 존재로서의 타인을 발견하는 과정이자 자기 정신을 창조하는 과정이 될 수 있을 것이며, 이 점이 문학상담의 고유한 영역이라고 할 수 있다.

상담은 삶속의 삶을 찾아가는 과정

잃어버리고 있었던 자신만의 언어와 목소리를 찾아가는 과정

知音, 2017

셋째, 문학상담이 추구하는 것은 개인이 잃어버리고 있었던 자신의 언어와 본성을 찾아 자기 존재의 의미와 가치를 발견하여 총체적인 인간 성숙을 이룰 수 있는 길을 탐색하는 것이다. 문학상담은 내담자가 상담적 관계 속에서 문학의 특성을 활용하여 문자화된 다양한 텍스트를 사용하거나 자신의 서사 텍스트를 '언어'의 힘을 바탕으로 직접 창작함으로써 자기의 주체성을 확립하고 타인과의 관계성을 회복하여 자기가 잃어버리고 있었던 언어와 자신의 본성을 찾아가는 데 그 목적이 있다.

3. 문학상담의 상담적 토대

문학상담의 기초는 상담이다. 문학상담은 '특별한 인간관계'에서, '특별한 언어'로, '실존적인 존재 의미와 가치'라는 결과를 찾도록 하는 데 기초를 두고 있으며, 특히 '미적 체험'을 강조한다. 문학상담의 상담적 토대는 다음의 네 가지로 요약될 수 있다.

첫째, '특별한 인간관계'에 있다. 상담은 관계로 이루어지기 때문에, 인간관계는 모든 상담의 기초이다. 상담에서의 인간관계를 '특별한 관계'라고 하는 것은 칼 로저스(Carl Rogers, 1902~1987)가 함축성 있게 표현한 것처럼 무조건적 수용, 존중, 한결같은 이해 등의 상담적 내용이 포함되는 관계이기 때문이다. 이 특별한 관계에서 중요한 것은 서로를 있는 그대로 받아들이고, 인간으로 존중해 주고, 이해해 주고, 공감해 주는 것이다. 상담에서는 이것을 내담자의 성장을 돕는 의미가 있다고 인식하기 때문에 보통의 인간관계와는 아주 다른 의미를 가진다. 문학상담에서도 상담자와 내담자의 '특별한 인간관계'는 문학상담의 기초적 토대이다.

둘째, 문학상담에서 '특별한 인간관계'를 이루는 핵심 요소는 '특별한 언어'이다. 상담에서 강조하는 이 특별한 언어는 상대방이 변화할 수 있도록 유도하는 언어이며, 상대방이 생각할 수 있도록 여유를 주는 언어이고, 상대방의 마음속에 감춰져 있는 말을 끄집어 내게 하는 능력이 있는 언어이다. 특별한 언어는 '잃어버렸던 언어'를 찾는 언어이다. 마음속에 감춰져 있지만 표현하지 못했던 언어, 자신의 핵심적인 문제가 무엇인지 모르고 있다가 특별한 상담적 관계에서 인문적 자기성찰을 통해 얻게 되는 자기의 언어, 이것이 '잃어버렸던(잃어버린 줄 알고 있었던) 언어'이다. 이렇게 내담자가 '잃어버렸던 언어'를 찾도록 도울 수 있으려면 상담자는 정확한 언어구사력을 가지고 있어야 한다. 문학상담에서 상담자가 가지는 언어구사력은 문학적인 특별한 감수성, 특별한 직관력으로부터 나올 수 있다고 본다. 문학적 감수성과 직관력은 명확한 언어를 표시하고, 적절한 은유와 상징을 사용하며 이해할 수 있는 능력으로 이어지기 때문이다.

셋째, 문학상담의 최종 목표는 '실존적인 존재 의미와 가치'를 탐색하는

데 있다. 상담자는 상담을 통해서 내담자가 자기 스스로 자기 삶의 주인이 되는 삶, 자기 나름대로의 가치 있는 삶을 찾을 수 있도록 도와주는 역할을 최고, 최상, 최종의 목표로 한다. 그런 상담을 하기 위하여 상담자는 특별한 관계에서 특별한 언어를 통하여 미적 체험에 이를 수 있는 상담을 할 수 있도록 인문적 자기성찰의 훈련을 받아야 할 필요가 있다.

넷째, 문학상담을 여타의 상담과 구별 짓는 것은 '미적 체험'이다. '미적 체험'이란 순수한 기쁨, 몰아(沒我), 완전한 집중 등을 의미한다. 성공적 상담 후에 느끼는 기쁨과 특정한 문학 작품을 읽고 느끼는 즐거움은 모두 '예술적 체험' 혹은 '미적 체험'이라고 할 수 있다. 아무렇게나 무성의하게 전달된 언어가 아니라, 특정한 의도를 가지고 주의를 기울여서 그 안에 특별한 것을 담아내어 전달할 수 있는 언어는 '예술성'을 내포하고 있다. 문학상담은 그 능력을 좀 더 수준 높게 하는 것이다. 내담자들의 이야기를 하나의 문학 텍스트에 포함된 의미를 읽어내듯이 풍부하게 읽어낼 수 있는 언어 능력, 내담자에게 들려주고 싶은 이야기를 가장 적확한 표현으로 내담자의 마음에 울림을 줄 수 있게 표현해 내는 언어 능력이야말로 '예술성'을 지닌 언어라고 할 수 있다. 문학상담에서는 예술성을 지닌 '특별한 언어'를 통한 내담자의 '미적 체험'을 추구한다. 이러한 '미적 체험'은 밖에서 얻어지는 것이 아니라 내담자의 참여를 통해서 내담자 안에서 일어난다. 문학상담은 다양한 장치를 통하여 상담자와 내담자가 함께 참여하는 상호작용이므로 상담자에게도

내담자는 〈되고 싶은 자기〉가 되어서
〈하고 싶은 일을 제대로 하고자 하는〉
의욕을 가진 〈고뇌하며
성숙하는 개인〉이다.

知音. 2017

미적 체험이 일어나는 것이 최상의 상담이라고 할 수 있다.

4. 문학상담의 고유한 특징

문학상담의 고유성은 상담의 과정과 내용에 있으며, 그 특성은 다음과 같이 정리하여 설명할 수 있다.

첫째, 문학상담은 상담과정과 내용에서 문학작품을 활용하는 것이지 문학작품을 비평하는 것이 아니다. 문학상담은 문학작품 속의 주인공과 주변 인물들의 내적인 갈등을 포함한 다양한 문제들을 상담화 과정에 대입하여 문학작품의 은유를 통해서 자신을 성찰하는 상담의 모든 활동을 뜻한다.

둘째, 문학상담은 상담과정과 내용에서 언어활동인 말하기, 듣기, 읽기, 쓰기를 적극적으로 활용하는 것이지 정교하게 문학작품을 쓰는 것이 아니다. 문학상담은 상담 과정에서 '언어활동'을 활용하여 내재된 잠재력을 실현하며, 성장하는 총체적 인간으로서의 삶을 살도록 돕는 모든 활동을 뜻한다. 말하기, 듣기, 읽기, 쓰기로 구현되는 문학활동을 통해 한 인간의 자기서사(self-narrative)를 재발견하고 재구성하게 함으로써 자기가 삶의 주체가 되는 동시에 '세계-내-존재'로서의 의미를 새롭게 형성해 갈 수 있도록 하는 과정이다.

셋째, 문학상담은 문학작품을 매개로 작품 속의 주제를 자신의 감정과 신념이 녹아 있는 자기 서사로 읽어내고, 그 서사에 부여된 의미와 새롭게 부여할 의미를 찾는 과정으로 이루어진다. 그리하여 자신과 타인 그리고 환경에 대한 이해를 통해 참자기를 찾고, 또한 위기와 갈등을 자기됨의 필연적인 부분으로 파악하고, 자기 자신을 언어화함으로써 삶의 부조화와 분열을 극복하도록 돕고, 전인적 발달과 성숙을 통한 총체적 성장을 돕는다.

넷째, 문학상담은 상담과정과 내용에서 내담자의 표면적인 증상을 뛰어넘어 실존적인 문제(죽음, 고독, 분노, 용서, 선택, 생의 의미 등)를 중심에 두고 내담자를 '전체적인 인간'으로 대하면서, 그 결과로 인생의 의미, 인간적인 성장, 자기다운 삶의 보람을 깨닫는 경험을 얻도록 한다. 내담자들은 인간의 실존문제를 더 많이 고민하고 있기 때문이다.

다섯째, 문학상담은 인간중심상담이고 실존적 상담이라고 할 수 있다. 무조건적 수용, 공감, 명료화, 적극적 경청, 상호신뢰, 진정성, 한결같음 등 인간중심상담에서 변화의 필요충분조건으로 제시하는 촉진적 관계를 문학정신을 통해 형성하는 것이다. 실존적 상담에서와 마찬가지로 문학상담의 상담자는 내담자의 심리적 삶의 세계에 있는 추상적이고 철학적인 이슈들을 검토하고, 상담의 기술보다도 삶과 죽음에 관한 근본적인 문제를 다루기를 선호한다. 문학상담에서는 인간중심상담과 실존상담에서 추구하는 요소들을 융합하여 문학적으로 상담의 과정과 내용을 이끌어 가는 것이다.

여섯째, 문학상담에는 특별한 매뉴얼이나 정해진 기술은 없으나 상담사례를 정확하게 기록하여서 문학상담의 효과를 검증할 수는 있다. 문학상담의 과정을 통해서 내담자는 문학작품 속에서 얻은 '시간'과 '감정'과 '자기존재의 의미와 이해에 관한 새로운 지평'에 대한 '앎'을 '삶'의 현장으로 변화시킬 수 있다. 이러한 과정은 내담자에 따라 독특하고 창의적인 방식으로 진행되기 때문에 상담의 성과를 통계적 숫자로 표현하는 데에는 한계가 있다. 따라서 문학상담은 상담의 효과를 검증하는 방식에 있어서도 문학적인 방식, 즉 양적 접근이 아닌 질적 접근을 선호한다.

5. 문학상담의 진행과 결과

문학상담은 인간의 삶을 인문학적 관점에서 바라볼 수 있는 눈을 갖춘 상담전문가에 의해 진행되어야 한다. 지식을 탐구하거나 전달하는 교사나 인문학자에 의해 진행되는 것이 아니다.

상담화된 문학 텍스트를 매개로 문학상담자와 내담자는 수평적이고 동등한 관계에서 서로를 마주한다. 상담전문가로서 문학상담을 진행하는 문학상담자는 상담화된 문학 텍스트를 매개로 내담자가 자신의 삶의 이야기를 풀어낼 수 있게 도와주는 안내자이자, 인문학적 자기 성찰을 통해 내담자와 함

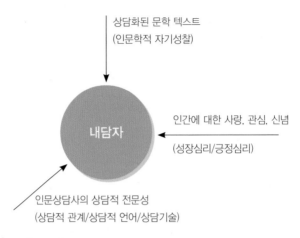

상담화된 문학 텍스트
(인문학적 자기성찰)

내담자

인간에 대한 사랑. 관심. 신념
(성장심리/긍정심리)

인문상담사의 상담적 전문성
(상담적 관계/상담적 언어/상담기술)

[그림 3] 문학상담을 진행하는 문학상담자가 갖춰야 할 요소

께 성장하는 동행자이고, 무조건적인 수용과 경청을 통해 내담자의 내면에 있지만 그 스스로는 알 수 없었던 것을 알게 하고, 알고 있지만 차마 하지 못했던 말을 할 수 있게 하는 조력자이다. 문학상담자는 기본적으로는 인간에 대한 사랑과 긍정적인 신념을 갖추고 상담화된 문학 텍스트를 활용하여 상담을 운영하고 내담자를 깊이 있게 이해하는 상담적 전문성을 갖춰야 한다.

증상 제거나 사회적 부적응의 회복에 중점을 두는 심리상담이나 심리치료와 달리 문학상담은 개인의 전인적인 성장과 성숙을 목표로 하기 때문에 그 과정에서 절대적으로 옳다고 이야기할 만한 상담의 결과나 수치는 존재하지 않으며 문학적 텍스트를 매개로 내담자가 수긍할 수 있는 방식으로 자

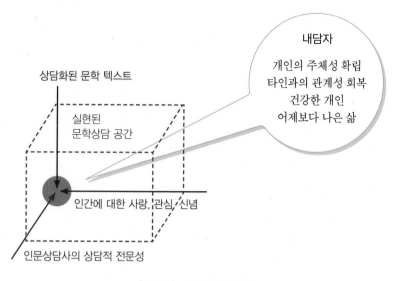

상담화된 문학 텍스트

실현된
문학상담 공간

내담자

개인의 주체성 확립
타인과의 관계성 회복
건강한 개인
어제보다 나은 삶

인간에 대한 사랑, 관심, 신념

인문상담사의 상담적 전문성

[그림 4] 문학상담의 결과

기 자신을 이해하고 표현하는 데 그 근본 목적이 있다. 이러한 직면과 자기 성찰의 과정을 통해 내담자는 그동안 자신이 알지 못했던 것을 알게 되고, 표현할 수 없었던 것들을 스스로 말할 수 있는 기회를 얻게 될 것이다.

또한 문학상담은 개인의 전인적 성숙을 목표로 하기 때문에 상담이 종료된 후에도 내담자는 스스로 새로운 문제 상황에 대응하고 그것을 해결할 수 있는 정신적인 힘을 지니게 된다. 이처럼 개개인이 자신의 주체성을 확립하고, 타인과 올바른 관계를 형성한다면 문학상담을 통한 개인의 회복은 비단 개인적 차원에서만 그치는 것이 아니라 사회 공동체의 변화와 회복에도 긍

음력 동지달 열나흘 밝은 달이
우리집 지붕 위에 높이 떠있다
달의 얼굴에 뚜렷이 떠오르는
눈·코·입
밝은 달에는 언제나 그의 모습이 있다
그를 보내고 벌써 몇번째 보는
보름달인가?
그가 없이 살아온 많은 날들
마음에서 그를 잊어본 날이 거의 없다
지금 나의 소원은 그가 마련해놓은
石棺에서 그와 영원히
같이 있는 것이다.
이 새벽 그가 몹시 그립다

知音, 2017. 1. 12

정적인 영향을 미칠 수 있게 될 것이다. 이것이 바로 문학상담이 궁극적으로 추구하는 목표이다.

나는 지금 인문상담/철학상담, 문학상담에 대한 나의 오래된 꿈을 실현할 수 있어서 즐겁다. 한국상담대학원대학교 교수들과 학생들로부터 인문상담/철학상담, 문학상담에 대해서 긍정적인 피드백을 계속 받고 있으며, 2015년에 인문상담학의 학문적 토대를 연구하고 쌓아가기 위하여 '인문상담학연구소'를 개소했고 인문상담전문가 민간자격증을 총장 명의로 발급할 수 있게 되었다. 인문상담/철학상담, 문학상담에 대한 나의 꿈은 점차 건실한 열매를 맺을 수 있으리라고 확신하고 있다.

내 삶의 기둥, 넷

스승

-아름다움은 영원한 기쁨이어라-

"나는 스승에게서 많은 것을 배웠다. 그러나 더 많은 것을 제자에게서 배웠다."
탈무드에서 읽은 명언이다. 많은 스승과 많은 제자들에게서 배우고 가르치면서
나는 어느 덧 팔순의 세상에 들어섰다. 그 가운데 잊을 수 없는 나의 멘토들이 새
삼스럽게 그리워진다.

고황경 박사의 바름인성교육

나의 교수생활은 1974년 3월 2일에 서울여자대학교 교육심리학과 조교수로 임명되면서 시작되었다. 그때 서울여대는 참으로 소박하고 순수하고 맑은 작은 규모의 여자대학이었다. 갓 박사학위를 취득하고 귀국한 의기충천의 젊은 교수로 새로운 전문직을 시작한 나는 신선한 열의를 가지고 내게 주어진 임무에 충실했던 정열적인 교수였다. 첫 학기에 상담심리, 성격심리, 생활지도를 강의했는데 매일매일을 수험생처럼 열심히 강의 준비를 하고 매 시간을 마치 특강을 하는 기분으로 열강을 했다. 내가 공부할 때는 어렴풋했던 교과내용이 내가 가르칠 때에야 비로소 명료하게 이해가 되었다. 서울여대에서 가르치면서 나는 나의 전공분야를 더 많이 알게 되었고 학생들에게 강의하고 그들과 대화하는 것을 즐기면서 대학교수생활에 만족했다. 내가 서울여대에 있었던 물리적 기간은 1974년 3월부터 1977년 7월까지 3년 6개월 정도이지만, 서울여대라는 공동체에서 호흡하고 교류하면서 내 안에 농축된 일과 사람에 대한 사랑과 열정과 헌신은 숫자로 계산이 불가능할 정도로 값진 것이었다. 서울여대는 행복한 내 대학교수 시절의 첫사랑이다. 특별히 고황경 학장으로부터 직접적으로 또는 간접적으로 받은 영향은 대학교수로서, 한 기관의 책임자로서, 하나의 신앙인으로서 내가 어떻게 언행일치의 생활과 소신을 관철할 수 있는 노력을 해야 하는가에 대한 방향을 제시해 주는 지침이 되고 있어서 늘 감사하고 있다.

고황경 박사님을 생각할 때 제일 처음 떠오르는 단어는 '바르게'이다. 그분은 '바르게'란 말이 진정으로 어울리는 어른이셨다. 바르게 보아라, 바르게 생각하라. 바르게 먹어라, 바르게 행동하라, 우리말을 바르게 말하라 하고 가르치시는 그분은 언제나 단정한 옷차림으로 언제 어디서나 흐트러진 모습을 본 적이 없다. 항상 청결하고 당신 주장이 바르다고 생각하면 밀고 나갔으며, 일단 세워놓은 규칙은 꼭 지키시는 언행이 일치하는 어른이셨다. 의사 집안에서 태어나 경기여고와 일본 동지사 대학, 미국 미시간 대학에서 수학하고 박사학위를 취득한 고황경 박사님은 자신을 스스로 대접하는 존재감이 뚜렷한 분이셨다.

또한 그분은 서울여대의 설립이념을 몸소 실천하시면서 언행일치, 소신일관을 잠시도 잃지 않고 모범적으로 사신 교육자이고 지도자이셨다.

서울여대는 1961년에 '민주국가 건설 초기에 투철한 도의 정신과 탁월한 기술적 능력을 겸비한 지도자를 필요로 하는 시대적 요구에 부응하여 기독

人間의 品格이 硬格으로
利他가 利己로
의미와 재미가 混用되는 세상
어쩌다 어른이 된 어른이
언제나 어른인듯 착각하는
세상

知音. 2017

교 정신에 기초를 둔 지식교육, 도의교육 및 기술교육을 균형 있게 실시함으로써 사회와 농촌의 개척자로 봉사하고 더 나아가 인류의 행복에 기여할 수 있는 지, 덕, 술을 갖춘 여성지도자를 양성하기 위해' 설립되었다.

초대 학장인 고황경 박사는 교육자로서 서울여대 설립목적에 밝혀진 대로 학문과 일상생활을 접목시키기 위해 학생 전원에게 생활관 교육을 2년간 받도록 했다. 생활관에서 4명의 학생들이 단체생활을 하면서 여러 가지 심리적 갈등을 스스로 이겨내며 인간적으로 성숙하는 훈련을 받았다. 생활관에서는 아침 6시 기상, 밤 10시 취침, 낮에 외출했다가도 저녁 6시에는 돌아와야 하는 엄격한 규율을 지켜야 했다. 학생들은 학과 공부 이외에 체육, 사회봉사, 인간관계 등의 훈련을 정규과목으로 택해서 학점을 따야 했다. 또한 수영, 자전거, 태권도 등의 체육과목, 걸스카웃 등의 사회봉사활동 등을 이수해야 했다. 3학년으로 진급하면서는 다시 생활실습주택에서 7명이 한 조가 되어 보통의 가정에서와 같은 하루 일과를 자율적으로 이행하는 과정을 실습해야 했다. 그래서 서울여대 교정에는 생활관 건물 이외에 9개의 실습주택 건물이 있었다. 실습주택에 들어가면 학생들은 순번으로 주부 역할을 맡아서 아침, 점심, 저녁 식단을 짜고 가계부를 정리하고 절기에 따른 예절도 배우면서 일주일에 한 번씩 학장님을 초대하고 대화하는 시간을 가졌다. 실습주택이 9개나 되었으므로 학장은 매일 저녁을 학생들과 함께 보내야 했는데 조금도 지치지 않고 그 시간을 이용해 학생들과 개인적인 대화를

꽃병, 2017

하고 그들 하나하나를 위해 기도하면서 신앙심을 길러주려고 노력했다. 이런 과정은 곧 철저한 인성교육이었으며 언행일치의 교육자 고황경 박사는 이를 통해 서울여대의 설립목적을 직접 구현하셨다고 나는 생각한다.

그러나 학생들은 이 모든 훈련이 버겁고 자유를 구속한다고 하면서 '우리는 여자육사생도'라며 싫어했고 '여성지도자를 교육하는 학교가 주부 수업을 하는 것 아니냐'고 불평했지만 고황경 박사님의 탁월하고 투철한 교육철학을 바꿀 수는 없었다. 이런 과정을 거친 서울여대 졸업생들은 사회생활에서나 결혼생활에서 뭇사람들의 칭찬을 받았다.

지금 서울여대의 특화된 인성교육과정인 '바롬인성교육'은 바르게 생각하고 바르게 행동한다는 뜻의 '바롬'에서 비롯된 말이며, 이 교육은 초대학장 바롬 고황경 박사에 의해 시작된 교육과정이다. 바롬인성교육은 기독교 정신을 바탕으로 자아정체성, 공동체성, 역사의식의 함양을 통하여 비전을 소유하며 동시에 섬기는 지도자를 키워내는 것을 교육의 목표로 하고 있다.

지금도 나는 서울여대를 생각할 때마다 순수한 열정이 따뜻하게 내 온 마음으로 퍼진다고 느낀다. 그 가장 중심에 고황경 박사님이 계신다. 그분으로부터 깊고 깊은 가르침을 받을 수 있었던 3년간의 시간이 나에게 주는 의미를 되새기면서 나는 항상 감사한 마음을 갖고 있다.

김옥길 총장과의 7일간의 짝사랑

1975년은 UN에서 정한 '세계 여성의 해'였다. 이를 계기로 아시아에 있는 9개의 기독교 여자대학의 총·학장들이 레바논의 베이루트에서 '아세아에서의 기독교 여자대학의 역할'이라는 주제로 세미나를 가졌다. 기간은 1975년 5월 1일부터 8일까지 7일간. 나는 당시 서울여대의 교육심리학과 조교수로 부임한 지 겨우 1년이 조금 넘은 풋내기 대학교수였으나 고황경 학장의 대리로 그 회의에 참석하면서 이화여대 김옥길 선생님과 일주일을 같이 지낼 수 있었다.

그 일주일 동안에 선생님께서 생전 처음 만난 나에게 베풀어 주신 따뜻한 사랑과 관심은 너무 감동적이어서 그 추억을 '7일간의 짝사랑'이라 이름을 붙이고 소중하게 마음속에 간직하고 있다. 일주일간 계속된 회의는 알맹이는 없는 말의 잔치였으므로 무슨 이야기가 오고 갔는지 전혀 기억이 없다. 다만 9명의 총·학장들 중에 김옥길 선생님은 군계일학(群鷄一鶴)으로 회중을 압도하고 계셨었다는 인상만이 깊다. 그리고 백전노장의 그들 틈에서 주눅 든 채 긴장해 있는 햇병아리 조교수인 나를 공식석상에서 어색하지 않게 보살펴 주시던 선생님의 배려에 끝없이 감격했던 마음은 아직도 그대로이다. 또한 사석에서 내게 해주신 말씀들이 너무나 실질적으로 많은 도움을 주어서 잊지 못하고 있다.

일주일간의 회의 중에 일요일이 끼어 있었다. 그날 아침 선생님께서 내게 연락을 주셔서 우리 둘이서만 아름다운 지중해의 해변과 베이루트 시내를 거닐어 보았다.

길거리의 상점에 진열돼 있는 기념품들을 둘러보면서 내가 "선생님께서는 무얼 좋아하시나요?"라고 여쭈었더니 선생님은 이렇게 말씀하셨다. "지도자는 특별한 기호품이 있으면 안 돼. 있다고 하더라도 남이 알게 해서는 곤란해. 다른 사람들이 그걸 아첨의 기회로 이용하려 드니까."라고 답하셨다. 회의가 끝나자 선생님께서는 곧장 서울로 돌아가셔야 했는데 내게는 중동지방의 여행을 권하셨다. 그때는 중동지방 여행이 여의치 않던 때였으므로 이왕 온 김에 이란과 시리아를 보고 가라면서 당시의 이란 대사에게 편지까지 써주셨다. 그러면서 다음과 같은 주의를 주셨다. "여자 혼자서 여행을 할 때는 첫째, 좋은 호텔에서 좋은 음식을 먹고 좋은 잠자리에서 자라. 둘째, 물건 따위는 살 생각을 말고 박물관을 우선 봐라. 박물관에는 그 나라의 역사와 문화가 있기 때문이다. 셋째, 핸드백은 손에 꼭 들고 다녀야지 땅

숲길, 2016

에 놓아서는 안 된다." 그러고는 "이 선생, 돈 있어? 내가 200달러 줄 테니까 여행하면서 다 쓰게 되면 서울 와서 한국 돈으로 갚고, 안 쓰게 되면 달러 그대로 돌려줘." 하셨다. 1975년 당시에는 외환관리법이 너무 엄격해서 나는 단돈 100달러만 들고 그 회의에 참석했었는데 선생님의 이런 세심한 배려로 중동지방과 동남아를 여행할 수 있었다.

그로부터 2년 후, 나는 서울여대에서 이화여대 교육심리학과로 교수 자리를 옮겼다.

서울여대에서 고황경 학장의 특별한 사랑을 받으면서 잘 지내고 있던 터라 자리를 옮기는 과정에 남다른 어려움이 많았다. 나로서는 이화여대 교수가 되는 것이 오랫동안 염원했던 꿈이었으나 고황경 학장의 특별한 기대와 사랑을 배반하는 듯한 행위가 나를 괴롭혔다. 이화여대에서는 빨리 오라고 하고 서울여대에서는 가지 말라고 해서 한 6개월간은 아주 행복한 고민을 했던 것 같다. 1977년 8월에 이화여대 교육심리학과 조교수로 부임한 뒤 학생생활지도연구소에 연구실을 가지고 강의하고 학생상담도 했다. 그해 초겨울, 김옥길 선생님께서는 학생처장과 학생생활지도연구소 교수들을 선생님댁으로 초대해 주셨다. 선생님께서는 낯선 자리에서 어색해 하는 나를 세심하게 배려하시면서 화제마다 나를 끼워 주셔서 그 저녁시간을 참 잘 보냈다. 그 유명한 선생님댁 냉면과 녹두부침, 닭요리 등을 전 직원에게 대접할 때면 나는 마치 시골 외갓집에 가는 어린아이처럼 즐거웠다. 학장이나 교수나 조교나 청소하는 아주머니나 수위아저씨나 구별하지 않고 오는 순서대로 자리를 잡게 하고 거기 모인 손님 하나하나에게 적절한 말을 건네면서 모두를 즐겁게 해주시는 선생님은 천부적인 재능을 가진 민주적인 안주인이셨다. 학교에서 김옥길 총장님을 가까이에서 뵐 수 있는 기회는 거의 없었지만, 때때로 교정에서 선생님 모습을 뵈면 내 가슴은 뛰었다. 정말로 선생님에 대한 나의 짝사랑은 깊고도 순수했다. 1979년 8월, 2학기를 준비하는 전체교수회의는 선생님의 총장 퇴임인사로 시작되었다. 그날 선생님의 용기 있는 퇴임인사는 내가 지금껏 들었던 그 누구의 강연보다도 감명 깊어서 나는 아직도 그 말씀의 내용을 생생히 기억하고 있다. "나는 이제 이화여대의 총장을 사임한다. 첫째 이유는 내가 교만해지기 때문이다. 나만큼 이화를 사랑하는 사람이 없다는 생각, 나만큼 이화를 잘 아는 사람은 없을 것이라는 생각이 나를 교만하게 만들어서 남의 말을 듣지 않게 하는 것 같다. 둘째는, 이렇게 되니까 나에게 직언을 하는 사람이 없어지고 내가 듣기 좋아하는 말만 하는 사람의 말만 듣게 되는 것 같다. 셋째는, 18년 동안이나 높은 자리에 있었으면 물러날 줄도 안다는 것을 보여 주고 싶었다."라는 것이 요지였는데 좌중이 모두 물을 끼얹은 듯 조용하고 엄숙한 분위기여서 선생님 특유의 음성과 억양에 심취했었다. 특히 박정희 대통령 반대 시위가 온 나라를 시끄럽게 하던 그 시절에 선생님의 용감한 발언은 우리 모두의 가슴을 시원하게 해주는 청량제였다. 그로부터 2개월 후 박 대통령 시해사건이 일어났다. 선생님의 용기 있는 퇴임사가 얼마나 멋있었는가를 우리들은 두고 두고 이야기했다.

퇴임하시고 고사리 마을에서 '총장할머니'로 불리는 것을 즐기시면서 찾아오는 손님 하나하나를 극진히 대접하시는 모습이 뵙기에 참으로 좋았다. 선생님께서 중한 병에 걸리셨다는 소식을 듣고 마침 고사리 수련관에 학생들을 데리고 MT를 갔던 우리 교육심리학과 교수들이 선생님께 문병을 갔다. 선생님께서는 털모자를 쓰고 빨간 리본을 단 남자 고무신을 신고 자연스럽게 우리를 맞아 주셨다. 수인사가 끝나자 선생님은 "내가 직장암에 걸렸대." 하면서 마치 남의 이야기를 하듯이 유쾌하게 웃으셨다. 그러고는 "이젠 뭐 어떻거나, 암을 데리고 살아야지." 하시는 것이었다. 참으로 멋진 선생님의 멋진 말씀이어서 그분이 굉장히 크게 느껴졌다. 선생님은 어느 때, 어느 곳에서나 다정하고 친근한 영웅이셨다.

이제는 40년도 더 된, 지중해 연안에서 선생님과 함께 보낸 7일간의 일과가 내게 준 의미는 참으로 컸다. 이화여대에서 선생님을 멀리서 가까이에서 뵈면서 받은 감명은 더욱 크다. 선생님께 나의 이 순수하고 깊은 사랑을 직접 전해 드리지 못한 것이 아쉽기는 하나 마음속에 이런 훌륭한 어른의 모습을 간직할 수 있음은 커다란 축복이라고 믿는다. 선생님을 추모하는 책의 출간을 소개하는 짧은 신문기사를 읽고 내게 떠오르는 많은 생각들을 간추려 보면서 새삼스럽게 다정했던 선생님의 모습이 그리워진다.

매화마을, 2017

레이몬드 코르시니 박사의 4R 사상

1997년 2월 20일 정오에 하와이 대학 근처의 이태리 식당 파에사노(Paesano)에서 나는 코르시니(Corsini) 박사를 만났다. 이 자리는 하와이 대학의 심리학 교수 마셀라(Anthony Marsella) 박사가 주선해 준 것이었다. 나는 코르시니 박사가 쓴『다섯 명의 치료자와 한 명의 내담자(Five Therapists and One Client)』와『심리치료 사례연구(Case Studies of Psychotherapy)』를 대학원 교재로 사용하고 있는 터였으므로 큰 기대와 흥분으로 이 만남을 기다렸었다. 간단한 수인사가 끝나자마자 마치 오랫동안 사귀어 오던 사이인 것처럼 코르시니 박사는 상담자 특유의 편안한 태도로 나를 대해 주었다. 코르시니 박사는 83세의 고령답지 않게 반짝이는 날카로운 눈과 악의에 가깝게 느껴지는 재기(才氣) 넘치는 빠르고 분명하며 도전적인 말씨로 상담과 심리치료, 그리고 현대 사회의 교육 전반에 대하여 많은 말들을 해주었다.

"나는 상담을 giving information and advice라고 한다면 심리치료는

detective maneuver라고 생각하며, 이 두 가지의 과정은 효과 있게 조화를 이루면서 행해지는 것이 바람직하다."

"나는 사람은 누구나 세계를 변화시켜 보려는 이상과 야망을 젊었을 적부터 가져야 한다고 생각한다. 비록 실제로 세계를 변화시키지는 못한다 할지라도 그런 원대한 꿈은 청소년 시절에 키워야 하는데 그 일은 중등교육이 맡아야 한다. 그러나 현대의 중등교육은 그 역할을 못하고 있다. 그래서 나는 Corsini's 4R을 교육목표로 하는 학교를 몇 년 전부터 경영해 오고 있다. 수적(數的)으로는 별 볼 일 없지만 그 교육내용을 좋아하는 사람들은 나의 의견을 존중해 주고 있다. Corsini's 4R은 Respect, Responsibility, Resourcefulness, Response를 말한다. 학교교육의 결과는 그 졸업생들이 말해 주는 것이다. 사람들은 내가 이런 생각들을 말하면 나를 돈(crazy) 사람으로 취급한다. 그래서 나는 사람들과 많이 싸운다." 이런 말들을 하면서 그는 소년처럼 천진난만하게 웃었다. 83세의 노인이 이렇게 천진난만하고 원기왕성할 수도 있구나 하고 나는 연신 속으로 감격하고 있었는데 그는 동양의 한 상담심리학 교수가 자신의 이야기에 심취하는 것이 너무나 기쁘다면서 나를 자기 집으로 당장 초대하고 싶다고 했다. 그래서 나는 그가 운전하는 차를 타고 호놀룰루 교외에 있는 그의 집으로 갔다. 『다섯 명의 치료자와 한 명의 내담자』에 묘사된 대로 자그마한 그의 서재의 벽에는 붙박이 책장과 바다가 그려진 그림이 걸려 있었고, 내담자를 위한 보통의 의자 하나와 구석에는 세면대가 있었다. 책상에 놓인 컴퓨터로 그는 이메일과 인터넷을 통해 출판사나 저자들과 교신을 하며, 현재는 『심리학 백과사전(Encyclopedia of Psychology)』을 편집하고 있다고 했다. 서재 옆으로 연결된 서고에는 심리학 백과사전에 필요한 많은 자료들이 쌓여 있었다. 매우 조용하고 나약해 보이는 생기 없는 인상의 그의 부인은 은퇴한 여의사로 너무나 원기왕성하고 시끄러운 남편과 사느라고 지친 듯이 보였다. 그들은 세 마리의 고양이를 기르며 주말에는 와이키키에서 요트를 탄다고 했다.

그는 내가 그의 열렬한 독자라는 것을 알고 그의 저서를 네 권이나 직접 사인해서 주었고, 그의 책들을 번역하고 싶다고 하자 자기가 직접 출판사에 연락해서 판권 문제를 도와줄 수 있다고도 하면서 기뻐했다. 정오부터 오후 네 시가 넘도록 그와 이야기하는 동안 나는 그가 탁월한 상담자이면서 상담자 교육자(counselor educator)라고 느꼈다.

코르시니 박사와 이야기하면서 또 하나 느낀 것은 그가 상담을 심리학적인 면보다는 교육학적인 면에 더 관심을 두고 있다는 것이었고 그 점이 나의 생각과 같다는 것도 좋았다. 코르시니 박사는 청소년 감호소에서 상담자(prison counselor)로 일한 적이 있었는데, 어느 날 한 수감자의 IQ 검사 결과를 알려주면서 "자네 IQ는 좋군."이라고 말했다고 했다. 그로부터 오랜 시간이 지난 후 어느 날 건강한 청년이 찾아와서 "박사님이 전에 저의 IQ가 좋다고 말해 주셨는데 그것이 제가 처음 들어 본 긍정적인 평가였어요. 전문가

꽃동산, 2018

에게 저의 IQ가 좋다는 평가를 받은 것이 큰 힘이 되어 오늘의 제가 되었습니다."라고 하더라는 것이었다. 상담자는 진심으로 내담자에게 긍정적인 격려를 교육자적인 자세로 전달하는 것이 옳다고 생각하는 나에게 큰 힘이 되었다.

코르시니 박사를 두 번째 만난 것은 그 해 8월 20일 오후였다. 6개월 전에 처음 만났을 때의 그 인상 그대로 강렬한 눈빛과 번뜩이는 재기는 여전했다. 하와이의 아름다운 하늘과 구름, 그리고 맑은 공기, 순해 보이는 사람들 틈에서 끊임없이 공부하고 끊임없이 생각하는 그의 일과가 그를 이렇게 건강하게 지켜 주는 것이라고 믿는다.

어빈 얄롬 박사를 만나다

2005년 한국청소년상담원 원장직에서 정년 퇴직을 할 때 내 제자로부터 얄롬(Yalom) 박사의 심리치료소설 『The Schopenhauer Cure』 (Basic Books, 2005)를 선물로 받아 읽었다. 이것이 나와 얄롬 박사 소설과의 첫 만남이었다. 정년 퇴직 후에 '은퇴 몸살이 아닌 마음살'을 앓고 있던 나에게 이 책은 굉장히 큰 감동을 주었다. 첫째로 얄롬 박사가 자신이 리드하는 집단심리치료 과정을 소재로 멋진 소설을 썼다는 사실에 감동을 받았고, 정신과의사인 그가 철학과 문학에 대한 방대한 지식을 가지고 있으며 심리치료자로서 그가 환자를 대하는 태도가 솔직하고 정직하게 자기를 개방하면서 환자를 전인적(全人的)으로 대한다는 사실이 퍽 인상적이었다. 그래서 나는 이 책을 열심히 읽고 나서 번역을 하고 싶어졌다. 다행히 시그마프레스 출판사와 연락이 되어 강원대학교의 최윤미 교수와 공동 번역으로 2006년에 『쇼펜하우어, 집단심리치료』라는 제목으로 출간하였다. 그 이후에 2015년까지 얄롬 박사의 출판사인 Basic Books와 판권 계약을 맺은 시그마프레스의 청탁으로 나는 연달아 얄롬 박사의 책 6권을 번역·출판하였다. 비교적 짧은 시간에 얄롬 박사의 책을 이렇게 여러 권 읽고 번역할 수 있었던 것은 내가 그의 책에서 강한 매력을 느꼈기 때문이었다. 특히 그의 심리치료소설을 읽으면서 내가 꿈꾸어 온 문학상담에 대한 확고한 신념을 얻을 수 있었던 것이 큰 이유였다.

지난 50여 년간 상담을 공부하면서 나는 상담은 상담자와 내담자가 함께 자기다운 삶의 의미와 보람을 찾아가는 여정이라고 확신했다. 따라서 상담자와 내담자가 맺는 관계의 질이 중요하고 상담의 과정과 내용은 보다 진지하게 삶 속의 삶을 찾아 보람과 기쁨을 탐색하는 데 있다는 생각이 굳어졌다. 대학에서 국문학을 전공하고 문학에 대한 특별한 애정을 가지고 있는 나는 오래전부터 이런 상담의 내용과 과정을 문학적으로 전개하고 싶었다. '문학'이라는 개념의 의미가 엄청나게 넓기는 하지만 문학의 요체는 삶의 이야기를 '말하기·듣기·읽기·쓰기'로 표현하는 언어활동에 있으며 상담은 자신의 삶 속 이야기에 들어 있는 매듭을 언어활동으로 풀어나가는 과정이므로 상담을 문학적으로 하는 '문학상담'이 가능할 것이라고 생각하였다.

이런 생각을 가지고 있는 나에게 정신과의사이면서 소설가인 얄롬 박사의 작품은 문학상담의 가능성을 보여 주는 하나의 좋은 전범(典範)이 되었다. 그의 심리치료소설을 번역하면서 나는 치료과정에서 치료자와 환자가 삶의 의미, 죽음, 고립, 자유, 선택 등의 실존적 문제들에 대해서 나누는 삶의 이야기가 좋았고, 환자의 의중을 꿰뚫어보는 치료자 얄롬 박사의 날카로우면서도 부드러운 혜안이 감탄스러웠다. 인간실존의 문제를 정확한 언어로 소통하면서 내담자에게 올바른 통찰을 갖게 하는 그의 치료는 문학적이고 예술적이라고 생각했다. 그가 이런 치료를 할 수 있는 것은 그가 의과대학을 마치면서 탄탄한 수련과정을 거쳤고 그 사이에 개인적으로 쌓아온 인문학에 대한 광범위한 학업의 결과였을 것이다. 또한 그에게는 이런 숙련과정을 통해 얻은 인간과 인간관계에 대한 통찰력과 그것을 표현하는 탁월한 언어 감각이 있다고 여겨진다. 정신과의사이지만 그는 자신이 심리치료자라고 불려지기를 선호하면서 환자의 증상을 진단하거나 처방하지 않고 약물이나 임상적인 데이터, 그래프를 인용하지 않는다. 오로지 이야기(언어)로만 환자가 고뇌하고 있는 실존 문제를 풀어간다. 이러한 얄롬 박사의 치료는 내가 문학상담의 과정과 내용에서 추구하고자 하는 방식이기도 해서 나는 그의 작품에 깊이 공감하였다. 기회가 있으면 그를 한번 개인적으로 만나서 내가 번역한 그의 책들을 선물로 드리고 그와 이야기를 나누고 싶다는 생각을 어렴풋이 하고 있었다.

지난 늦가을에 시그마프레스에서 그의 최신작 『Becoming Myself: A Psychiatrist's Memoir』의 최종 원고를 보내와서 그 원고를 읽으면서 번역을 시작했다. 이 책은 내가 번역한 얄롬 박사의 여덟 번째의 책이다. 제목 그대로 이 책은 86세 나이에 이른 정신과의사 얄롬 박사가 'Becoming Myself: 얄롬의 얄롬되기의 과정'을 솔직하고 간결한 문장으로 써 내려간 그의 자전적 회고록이다. 50여 년간 다른 사람의 삶을 되돌아보고 그들의 삶을 재구성해 주는 심리치료자였던 그가 치료자적 안목과 소설가적 필력을 자신에게로 돌려서 쓴 86년간의 심오한 삶의 기록이다. 그의 책들을 이미 많이 번역한 나는 이 회고록에 담긴 사실들이 낯설지가 않았고 더욱 친근하게 느껴졌다. 그가 노년에 이르러서 쓴 글들은 마치 내 이야기를 쓴 글을 읽는 것처럼 많은 공감이 갔다. 특별히 책의 마지막 장, 'Novice at Growing Old(노년의 신참자)'는 엄청난 깨달음과 울림을 주는 글이었다. 80대에 들어선 그는 80대에 새로 참여하는 신참자이다. 지금까지 살아온 환경이지만, 낯설게 느껴지고, 기억력이 쇠퇴하고, 건망증으로 사소한 것들을 잃어버리거나 잊어버리고, 신체의 이곳저곳이 아프다. 그러나 신참자로서의 정열과 의욕은 여전하고, 죽을 때까지 열심히 일하고 즐기면서 살아가려는 의지 또한 여전하다. 이것이 80대의 신참자 얄롬 박사의 모습이고 그 모습이 역시 80대의 신참자인 나의 모습과 겹쳐진다.

『Becoming Myself』번역을 거의 끝냈을 무렵 나는 더 늦기 전에 그를 만나야겠다는 생각으로 그에게 이메일을 보냈고, 2017년 12월 22일에 샌프란시스코 러시안 힐스에 있는 그의 집에서 만나자는 얄롬 박사의 답변을 받았다.

2017년 12월 22일, 약간 쌀쌀하지만 평온한 겨울 아침, 샌프란시스코에

너그러움, 2017

사는 친구의 안내로 나는 얄롬 박사가 사무실로 쓰고 있는 2 Fallon Place, #24 Studio Apartment를 찾아갔다. 비교적 높은 언덕인 러시안 힐에 자리잡은 그의 집 주소는 그가 살고 있는 적목(redwood)으로 지어진 커다란 Studio Apartment 한 동(棟)만을 위한 것이어서 표지판은 눈에 띄지 않는 곳에 세워져 있었다. 나를 만나러 아파트 라운지로 내려온 얄롬 박사와 간단한 수인사를 나누고 그의 5층 사무실로 올라갔다. 그의 사무실은 동쪽으로 향한 넓은 창문을 통해 샌프란시스코의 마천루들과 베이 브릿지가 보이는 넓은 거실과 침실, 작은 부엌, 책상들이 놓인 정갈하고 조용한 분위기의 서재로 이루어져 있었다. 거실은 중국에서 사왔다는 중국식 궁중복, 작은 동양식 장식탁자들로 꾸며져 있었다.

얄롬 박사는 편안한 바지에 허름한 청색 스웨터를 걸친 일상적인 옷차림에, 잘 다듬어진 수염과 직접적이긴 하지만 부드러운 눈길을 가진 조용하고 친절한 미국 노신사 대학교수의 전형적인 모습이었다. 그의 공식적인 사진에서 느껴지던 인상과는 다르게 그의 표정은 부드러웠고 편안했고, 대가다운 따뜻함과 너그러움이 있었다. 그는 절제된 어조로 겸손하고 친절하게 나와의 이야기를 시작했다. 유명한 정신과의사이면서 소설가인 그와 나누었던 대화의 한 부분을 그대로 옮겨본다.

이 : 이렇게 만나뵙게 되어서 반갑고 영광스럽습니다. 저는 현재 한국상
　　담대학원대학교 총장입니다. 버지니아대학교에서 상담자교육으로
　　교육학박사를 취득했고 26년간 한국의 대학교에서 상담을 가르치
　　는 교수였고 지금은 이화여대 명예교수로 있습니다. 2005년에 공
　　식적인 지위에서 은퇴한 후부터 얄롬 박사님이 쓰신 책을 지금까지
　　7권을 번역했는데 그 책들을 박사님께 드리려고 여기 가지고 왔습
　　니다.

　　ㅡ『쇼펜하우어, 집단심리치료(2006)』『폴라와의 여행(2006)』『카우
　　치에 누워서(2007)』『보다 냉정하게 보다 용기있게(2008)』『매일 조
　　금 더 가까이(2010)』『스피노자 프로블럼(2013)』『삶과 죽음 사이에
　　서서(2015)』등 7권의 책을 그에게 드렸다.ㅡ

얄롬: 너무나 감사합니다. 이렇게 여러 권의 책을 번역해 주서서 감사하
　　고, 내 책들을 한국 독자들이 읽을 수 있게 해주서서 너무나 감사합
　　니다. 내 책들이 한국에서 잘 알려져 있습니까?『When Nietzsche
　　Wept』와『Love's Executioner』가 한국에서도 읽히나요?

이 : 박사님의 책은 상담과 심리치료를 공부하는 사람들에게 잘 알려져
　　있습니다. 대학원 학생들을 위한 reading list에 올라 있고, 박사님
　　의 소설을 읽은 사람들이 서로 소개해서 꾸준히 잘 팔리고 있습니
　　다. 시그마프레스의 정보에 의하면 이상 7권의 책이 통틀어서 현재

까지 약 20,000권이 팔렸다고 합니다.『When Nietzsche Wept』와
『Love's Executioner』는 제가 번역을 하지 않았기 때문에 박사님께
드리지는 않았지만, 한국에서도 널리 읽히고 있습니다. 저는 이번에
『Becoming Myself』의 번역을 부탁받고 작업을 거의 끝마치게 되었
습니다. 그 책을 읽고 나서 박사님과 더욱 친밀하게 느껴져서 직접
만나서 이야기를 나누고 싶어서 이렇게 찾아왔습니다.

얄롬: 감사합니다. 그 책은 나 자신에 관한 글입니다. 내가 어떻게 자랐
고, 어떻게 교육을 받았으며 어떤 수련과정을 거치고, 어떤 리서치
를 했고, 내가 어떻게 실존치료에 관심을 가지게 되었나에 대해서
자세히 썼습니다. 그리고 나의 개인적인 생활에 대해서도 썼습니
다. 나는 내가 사랑하는 여자와 결혼해서 60년이 넘게 행복하게 살
고 있으며 4명의 자녀들과 7명의 손자들을 거느린 행복한 아버지
이며 할아버지입니다. 나는 세계적으로 유명한 스탠퍼드대학교에
서 교수를 했고 지상에서 가장 축복받은 기후, 안전하고 범죄가 적
고 안락한 캘리포니아에서 살고 있습니다. 지금 86세이지만 하루
에 3시간 내지 4시간을 매일 글을 쓰고 일주일에 6일, 7일 일하고 일
주일에 5번 정도 오후에는 환자를 봅니다. 세계의 어느 곳엔가에 나
의 도움을 받는 사람이 있다는 사실에 감사하고 있지요. 나이가 들
어서 건망증이 심해지고 눈도 나빠졌습니다. 나는 눈 수술을 몇 차

늙음
헛걸음이나 뒷걸음이
정대 없이
조용히 어김없이 찾아오는
그대
함부로 보내거나
거칠게 맞이할수 없는
그대의 엄숙함이여

知音, 2016

례 받았지요. 그리고 무릎 관절 수술도 해서 전처럼 운동을 활발하게는 못하지만, 아직 할 일이 많이 있습니다. 오늘도 오후에 이곳에서 약속이 있습니다. 나는 별로 후회가 없는 삶을 살아왔다고 생각합니다.

이 : 저는 박사님의 회고록을 읽으면서 박사님의 어린 시절의 외로움과 소외감과 빈민굴의 문화에서 벗어나고 싶어하던 열망을 읽으면서 깊은 공감을 했습니다. 그리고 박사님과 부모님과의 관계도 이해할 수 있었어요. 그러나 박사님의 부모님은 열심히 인생을 사셨고 자녀들을 정성껏 서포트하신 분들이었다고 생각합니다.

얄롬: 네, 어렸을 적에 나는 내가 처한 환경에서 구출되고 싶은 욕망이 강했습니다. 구출될 수 있는 길은 내가 의과대학에 합격하는 일뿐이었기 때문에 오로지 공부에만 열중했습니다. 그리고 워싱턴 디시의 위험지구에 살고 있었기 때문에 부모님은 내가 도서관에 가서 책 읽는 것을 좋아하셨고 덕분에 나는 어렸을 적부터 닥치는 대로 책을 많이 읽었고 사람이 일생에서 할 수 있는 가장 훌륭한 일은 좋은 소설을 쓰는 일이라고 생각하기도 했습니다. 내가 의과대학에 합격하고 정신과를 택한 이유는 나의 문학에 대한 사랑 때문이었고, 문학이 정신과에서 환자를 위해 할 수 있는 일이 정신과가 할 수 있는 일보다 더 많을 것이라는 믿음 때문이었지요. 후에 내가 환자를

보면서, 또 학생들을 가르치기 위해서는 내가 글을 쓰는 것이 좋겠다는 생각에서 소설을 쓰기 시작했지요. 나는 마음속으로 항상 읽을 책들을 생각하고 다음에 쓸 책이나 소설을 구상하곤 했는데, 이제는 더 이상 아닌 것 같습니다. 나의 부모님은 교육 받지 못했으나 열심히 일하셨고 우리들의 교육을 위해서 헌신하셨습니다. 어렸을 적에 나는 어머니와 잘 지내지 못했는데 지금 내 마음에 떠오르는 분은 어머니이십니다. 어머니에게 좋은 아들이 못 되었지만, 『Momma and the Meaning of Life』에 썼던 대로 나는 어머니를 생각하고 있지요.

이 : 이제 시간이 얼마 남지 않았네요. 저는 제가 생각하고 있는 상담의 새로운 방향, 즉 인문학을 바탕으로 한 인문상담학의 구축에 대해서 박사님과 이야기하고 싶습니다. 그리고 문학상담의 가능성에 대해서도 박사님의 의견을 잠시 들어보고 싶습니다. 저는 상담자교육을 전공으로 교육학박사를 취득했습니다. 자연히 저는 상담학을 심리학의 측면으로보다 교육학의 측면으로 접근하고 있습니다. 내담자들의 자기성찰을 인문학적으로 할 수 있도록 도와주고 좌절하고 있는 내담자들에게 힘과 용기를 주는 상담을 하려면 상담자들이 철학적 사고와 질문, 그리고 문학적인 통찰력과 표현력을 갖추어야 한다고 생각하기 때문에 저는 한국상담대학원대학교를 세울 때 철

학상담과 문학상담을 전공분야로 개설했습니다. 박사님의 의견을
듣고 싶습니다.

얄롬: 네, 나는 이 박사의 의견에 절대적으로 동의합니다. 그리고 이런 일
을 위해서는 우리가 함께 힘을 합해야 된다고 믿습니다. 나는 환자
와 진정으로 같이 있고(real presence), 솔직하게 만나고, 환자에게
서 배우는 자세가 심리치료자에게는 필요하다고 생각합니다. 상담
이나 심리치료는 기술이 아니기 때문에 인문적인 소양을 갖출 필요
가 있다고 생각하고 있습니다. 인간은 복잡하고 유한한 존재이기
때문에 인간을 이해하고 잘 알아가는 과정은 단순하지 않고 끊임없
이 생각하고 노력해야 한다고 봐요. 그 과정에서 핵심이 되는 것은
철학과 문학에서 다루고 있는 인간의 본성에 대한 탐색이라고 생각
해요.

이 : 감사합니다. 상담이나 심리치료는 타 분야와 융합적인 방향으로 나
가는 것이 바람직하다는 박사님의 생각에 저도 깊이 동의합니다.
앞으로 우리 학교에서는 인문학적인 소양을 갖춘 참으로 좋은 상담
자를 양성하기 위해 노력할 것입니다.

짧은 시간이었지만, 얄롬 박사는 내가 하는 이야기를 집중해서 경청했고
신중한 피드백을 주었다. 역시 대가다운 풍모였다. 헤어질 때 그는 나에게

봄을 기다리는 마음, 2017

샌프란시스코에서 보아야 할 명소를 세심하게 알려주면서 내가 머무는 곳, 교통편 등에 대해서 친절한 관심을 보여 주었다. 나는 『Becoming Myself』 한글번역본이 나오면 그분께 곧바로 우송해 드리겠다는 약속을 하고 아파트에서 나왔다.

바람 부는 러시안 힐을 내려오면서 나는 내가 왜 얄롬 책을 열심히 번역하고 있는가에 대한 해답을 얻은 것 같은 느낌이었다. 그는 내가 하고 싶은 일, 즉 소설을 쓰는 일을 하고 있으며 내가 상담자의 태도와 입체적인 인간이해에 대해 하고 싶은 말을 실제로 하고 있기 때문에 나는 막연하게 그와 나를 동일시하고 있는지도 모른다는 생각을 잠시 했다. 나의 문학상담에 대한 신념과 그의 철학이 많이 비슷하다는 사실이 확고하게 다가오는 것을 느끼기도 했다. 또한 나도 그분과 마찬가지로 나의 일상을 기록해 두는 습관이 있고 그분 못지않은 기억력이 있다는 것을 아울러 되새겨 보면서, 나는 공감과 동일시 감정은 이럴 때 딱 들어맞는 용어일지도 모른다는 생각이 들었다.

노 대가와 나누었던 대화를 따뜻이 되새기면서 나는 그분의 노익장을 진심으로 기원한다.

부록

獻詩

지음(知音), 당신은

당신은 아주 작은 소녀였다
함박꽃 같은 웃음을 가진 소녀
할머니와 할아버지의 보물, 아버지와 어머니의 커다란 자랑
아버지는 좋은 시가 사람들의 입술에서 영원히 되새겨지듯
당신 마음 위에 사랑과 성실함과 순수함이 영원히 되새겨지도록
가르치고 키우셨다

당신은 작은 소녀였다
영혼의 다정한 짝 우천(宇川)의 영원한 소녀
눈빛이 통하고 마음이 통하고 사랑이 통하는 삼십여 년의 세월을
한결같이 따뜻한 몸짓으로 달려가던 소녀였다
그의 차가운 영혼에는 봄날의 햇빛처럼

그의 뜨거운 영혼에는 고요한 가을비처럼 쏟아졌다
그의 인생의 온도를 가장 편안하고 평화롭게 만들었다

당신은 나의 선생님
내 마음의 악기가 어떤 선율로 다른 악기와 조화를
이룰 수 있는지 들려주셨다
불신과 두려움이 쉼표를 연주하고
긍정과 믿음이 내 삶을 지휘하도록 가르쳐주셨다
권위와 위압의 손짓이 아니라
하얀 나비를 살짝 쥐었다 꽃들 곁으로 날려 보내는 소녀의 손짓으로
가르쳐주셨다

당신은 나의 선생님
당신의 입에서 흘러나오는 로저스, 아들러, 매슬로우는
여름밤 하늘의 별들처럼 나의 마음에 빛났다
당신은 별자리의 사연을 다른 소녀들에게 들려주는 소녀처럼
신비하고 흥미로운 마음의 이야기를 들려주셨다
당신은 삶의 무의미한 공터에서 어떻게 의미의 공기놀이를
즐길 수 있는지
먼저 놀이를 배운 소녀처럼 가르쳐주셨다

당신은 소녀였다

여성적이고 온화하고 어린 마음을 가진 스승

아는 것과 모르는 것을 솔직하게 말하는 아이처럼

호기심 어린 눈빛으로 사물을 바라보는 아이처럼

경험과 진실을 초콜렛 상자에 모아두었다가 함께 나누어 먹는

착한 아이처럼

믿음과 소망과 사랑을 나눠주셨다

당신은

나의 스승, 나의 선배, 나의 동료다

구름에게도 돌멩이에게도 자기보다 나이 어린 사람에게도

겸손하게 배울 것이 있음을 가르쳐준 스승

고단한 상담자의 길을 먼저 걸으며

누군가의 마음에서 분노와 증오의 못을 빼는 일이

얼마나 어렵고 드높고 고귀한 일인지 체험했던 나의 선배

성실한 소녀가 매일매일 일기를 쓰듯 하루하루 나날들을 성찰하고

착한 소녀가 도화지를 온통 무지개 색으로 칠하듯

순간순간을 아름답게 꾸미고

의기소침한 우리의 손을 따뜻하게 잡아주는 동료

당신은 소녀

일흔 일곱 번째 생일은 맞은 당신은

우리의 영원한 소녀

엄마의 무릎을 베고 잠드는 편안한 낮잠처럼 편안하고

난관에 부딪혀도 순수한 소망으로 새로 시작하는 마음처럼 용감하고

목소리의 고운 구슬들이 빛나는 쟁반 위를 굴러가듯

가뿐하고 모나지 않은

우리의 영원한 소녀

이혜성 총장님

신은 당신의 삶을 영원히 축복하시고

우리는 당신을 내내 사랑합니다

2015년 8월 31일

한국상담대학원대학교 교수 일동

저자 소개

이혜성(Lee, Hie Sung)

서울대학교 사범대학 졸업
버지니아대학교 교육학 박사(상담자교육 전공)
전 서울여자대학교, 이화여자대학교 교수
　　한국청소년상담원 원장
현 한국상담대학원대학교 총장
　　이화여자대학교 명예교수

저서
여성상담
삶 · 사람 · 상담
사랑하자 그러므로 사랑하자
아름다움은 영원한 기쁨이어라
문학상담

역서(어빈 얄롬 박사의 저서들)
쇼펜하우어, 집단심리치료
폴라와의 여행: 삶과 죽음, 그 실존적 고뇌에 관한 심리치료 이야기
카우치에 누워서
보다 냉정하게 보다 용기있게
어빈 D. 얄롬의 심리치료와 인간의 조건
스피노자 프로블럼
삶과 죽음 사이에 서서
비커밍 마이셀프

내 삶의 네 기둥
Four Columns of My Life

2018년 8월 20일 1판 1쇄 인쇄
2018년 8월 25일 1판 1쇄 발행

지은이 • 이혜성

펴낸이 • 김진환

펴낸곳 • (주)**학지사**

04031 서울특별시 마포구 양화로 15길 20 마인드월드빌딩

대표전화 • 02-330-5114   팩스 • 02-324-2345

등록번호 • 제313-2006-000265호

홈페이지 • http://www.hakjisa.co.kr

페이스북 • https://www.facebook.com/hakjisa

ISBN 978-89-997-1606-5 03040

정가 13,000원

교육문화출판미디어그룹 **학지사**

심리검사연구소 **인싸이트** www.inpsyt.co.kr

원격교육연수원 **카운피아** www.counpia.com

학술논문서비스 **뉴논문** www.newnonmun.com

간호보건의학출판 **학지사메디컬** www.hakjisamd.co.kr